U0142649

鄭佳姍 著
Chiashan
Stella Cheng

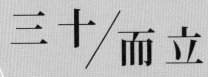

三十／而立

政府資助表演藝術團隊
關鍵報告
Discussion on Government Grants
for Performing Arts Groups

五南圖書出版公司 印行

推薦序

　　「政府應該補助藝術嗎？」這並不是一個容易回答的問題。然而，本書不僅提供一個清楚的、有說服力的答案，同時也藉由分析政府近三十年來資助表演藝術團隊的客觀資料，完整地呈現我國藝文生態環境的發展脈絡和圖像。對於關心文化補助議題或表演藝術政策的讀者而言，這絕對是一本值得一讀的好書。

蘇彩足

國立臺灣大學公共事務研究所教授

推薦序

　　本書是作者長期投入表演藝術領域的研究成果，作者同時也是表演藝術的從業者，以一位參與及觀察者的身分企圖反思我們習以為常的文化政策與藝文補助制度，強調藝文資源分配的制度設計必須強化政策價值與目標的達成。

　　當前，表演藝術團隊的營運與發展，正學習面對與疫情共存的「新日常（the new normal）」、跨域創新及數位科技的快速變遷與發展。本書無疑引領藝文社群重新省思現行的藝文補助政策，如何突破框架務實調整，以更具未來性的制度設計成為藝文發展的新助力。

彭俊亨

元智大學文化產業與文化政策博士學位學程副教授

推薦序

　　鄭老師從音樂家跨足到公共行政領域，選擇從和她音樂專業相關的主題出發，依據擔任藝文獎補助案評委的經驗，從分配政治的角度和資源依賴的觀點，探討競爭型藝文獎補助機制和藝文生態環境發展影響。個人非常認同此種跨領域、跨學科的實務研究取向。特別在近年看到她對學術研究的熱誠嚴謹，對研究主題「政府資助表演藝術團隊」的認真用心，如今《三十而立：政府資助表演藝術團隊關鍵報告》即將出版，所有的努力，也終於到了開花結果的一刻。

　　個人潛心研究政府資助非營利組織經年，深知就短期而言，政府資助確實有助於非營利組織提供豐富多元且創新的公共服務，但就長期而言，政府資助卻也可能降低非營利組織的自主性並產生資源依賴的現象，降低了對於外在環境的回應性以及公共事務的倡議能力。

　　在鄭老師的研究中，以兩個中央政府層級的藝文

獎補助計畫爲例，引用客觀數據說明競爭型計畫的資源分配和對演藝團隊營運的影響；雖未直接提及演藝團隊長期接受政府資助將產生資源依賴、降低自主營運能力，但書中透過各個面向，逐一說明政府和演藝團隊的關係，以及四個表演藝術類別團隊營運和發展的差異性。

對於想要瞭解音樂、舞蹈、傳統戲曲、現代戲劇等類別的團隊發展，我國藝文生態環境以及藝文獎補助政策沿革等議題的演藝團隊經營者、藝文工作者、負責文化行政暨政策規劃與執行的相關人士，鄭老師的這本專業著作，提供了豐富的研究素材以及睿智的洞見，乃是絕對不容錯過的好書。

孫煒

國立中央大學法律與政府研究所特聘教授

推薦序

　　我所認識的佳姍老師，是一位允文允武、兼具感性與理性的鋼琴家、研究者、教育者與行政工作者。音樂科班出身的她，一路從曉明女中、北藝大、曼哈頓音樂學院，到美國羅格斯大學的鋼琴博士，佳姍老師具備完整的音樂藝術學經歷，但好學的她卻未把自己的腳步停留在「鋼琴家」或「鋼琴老師」的角色上。有鑑於藝術家往往對於政策、行銷、乃至於公關等事務的一知半解，抑或藝術管理決策者多半是藝術專業領域的外行，她又隻身前往臺大政治學研究所進修，從政治學領域的菜鳥做起，一步一腳印地去瞭解政策、法規、慣例以及意識型態等，並藉以映照在表演藝術的相關產業上，促進跨域連結與對話，以健全表演藝術發展。

　　佳姍老師所具備的跨域能力，正是我所服務的臺藝大跨域表演藝術研究所最需要的專業人才，在我的邀請下，本學期她在本所與其他教授協同任教了《跨域策畫與執行專題》、《表演藝術實務》、《音樂史

學》等課程，她上課方式靈活、內容豐富，能與在地和國際的議題接軌，並常邀請跨域專家、學者來交流，或帶領學生移地教學，進行田調工作，其教學態度與服務熱忱有目共睹，藝術專業與跨域旁通的授課方式更是讓學生受益良多、成績斐然。

佳姍老師於 2020 年獲得文化部文化藝術政策研究獎勵，針對政府資助的表演藝術團隊進行了一系列完整的研究，如今將之結集出版為《三十而立：政府資助表演藝術團隊關鍵報告》，全書共分成五章，分別從文脈背景、政府與表藝團隊的關係、獎助專案的內容、藝文生態的環境等，一一疏理探究。本書猶如一場及時雨，對於目前產、官、學之間觀點的乾枯帶來舒緩，對於現有各補助、審查、評鑑等機制的運作方式，提出豐澤的建言。對於這樣一本有助於表演藝術發展的好書，個人樂見其出版，很榮幸也很開心能推薦給大家！

陳愷璜

臺藝大跨域表演藝術研究所所長

2021.12.27

作者序

　　三十歲在華人文化中，是個重要的里程碑，始能自立於社會並有所成就。本書以政府資助演藝團隊為題，探討文化部競爭型藝文獎補助計畫之資源分配與再分配。

　　1992 年，文建會推行我國第一個演藝團隊扶植計畫——「演藝團隊年度獎助專案」，冀期透過藝文獎補助機制的引領，使演藝團隊開始邁向專業經營，放眼國際。轉眼間，「演藝團隊年度獎助專案」施行近三十年，236 個受政府經費資助的演藝團隊中，有多少團隊能達到「三十而立」？演藝團隊長期接受政府經費資助，是否妥善運用公共資源，發揮藝文公共性？

　　本書將以美國經濟學家 William J. Baumol and William G. Bowen 1968 年於《Performing Arts: The Economic Dilemma》書中所提的「成本病現象」（cost disease phenomenon）為根基，說明政府資助

演藝團隊之正當性；嘗試以 Jeffrey Pfeffer 和 Gerald R. Salancik 2003 年在《The External Control of Organizations: A Resource Dependence Perspective》提出的「資源依賴觀點」，解釋政府與演藝團隊的互動關係。接續聚焦於文化部藝文獎補助計畫之「演藝團隊年度獎助專案」和「臺灣品牌團隊計畫」，疏理計畫發展沿革、補助機制之透明性、審查和評鑑制度之合理性，以及對藝文生態環境之影響力。

本書內文的獲補助團隊數目和補助金額皆為官方數據，具客觀性和參考價值；唯音樂、舞蹈、傳統戲曲、現代戲劇等四個表演藝術類別的經費配置存有高度連動關係，以及從各類別的獲補助團隊數目無法得知演藝團隊的個別營運狀況或落榜原委；因此，透過四個類別的經費配置占比和獲補率統計分析，為筆者嘗試在這套極為複雜的藝文獎補助機制中，提供一個解讀、參考觀點。

筆者從音樂專業出發，於表演藝術教學、藝文推廣、藝術行政、音樂治療等領域歷練；近年跨足公共行政與政策，對競爭型補助計畫、藝文中介組織、非營利組織、文化教育國際交流、藝術節慶等皆有涉獵。

最後，將本書獻給雙親，回報他們無私的愛與支持；更由衷感謝師長們及親朋好友，一路鼓勵陪伴，促使本書完成。

　　　　　　　　　　　　　　　鄭佳姍

　　　　　　　　　　　　　　　2021.11.25

Contents
目錄

圖目錄

表目錄

三十而立

　　法國作家羅曼羅蘭（Romain Rolland, 1866-1944）曾說過：「藝術的偉大意義，基本上在於它能顯示人的真實感情、內心生活的奧祕與熱情的世界。」藝術的呈現是透過生活經驗積累，展現豐富想像力與創造力，逐漸醞釀而成音樂、舞蹈、傳統戲曲、現代戲劇等表演藝術類別。藝術可以昇華人民的文化涵養，可以是改變世界的力量，可以讓不同文化間有更多交流與包容；而這一切都將成為社會的重要推進力和國家的文化底蘊。產官學研各界，對於藝術的瞭解、尊重與投資，絕對是個值得深思的課題。

藝文獎補助

～

　　「文化部推出『積極性藝文紓困補助』，針對藝文產業匡列 10 億元，最高補助 250 萬元[1]」、「文化部藝文紓困 4.0 獲政院特別預算 45.49 億元[2]」、「因應新冠肺炎，文化部投入 15 億協助藝文產業紓困與振興[3]」、「100 億 vs. 9.7 億文創投資和藝術補助差這麼多[4]」，藝文獎補助的新聞時而躍上媒體版面，補助款的申請資格和資源配置結果，更在藝文圈引發熱烈討論。網路脫口秀節目《博恩夜夜秀[5]》曾以諷刺口吻

1　王祖鵬，2021，〈文化部推出「積極性藝文補助」，針對藝文產業匡列 10 億元，最高補助 250 萬元〉，關鍵評論，08/06，網址：https://www.thenewslens.com/article/154670，檢索日期：2021/09/04。

2　趙靜瑜，2021，〈文化部藝文紓困 4.0 獲政院特別預算 45.49 億元〉，中央社，06/03，網址：https://www.cna.com.tw/news/acul/202106030122.aspx，檢索日期：2021/09/04。

3　鄭景雯，2020，〈文化部投入 15 億協助藝文產業紓困與振興〉，中央社，02/27，網址：https://www.cna.com.tw/news/acul/202002270164.aspx，檢索日期：2020/03/27。

4　何定照，2019，〈100 億 vs. 9.7 億 文創投資和藝術補助差這麼多〉，聯合報，05/28，網址：https://udn.com/news/story/7314/3838481，檢索日期：2020/03/27。

5　《博恩夜夜秀——欸！藝文產業》，首播日期：2019/07/08，網址：

描述臺灣藝文產業之發展現況，並對我國專責藝文獎補助的國家文化藝術基金會[6]（簡稱國藝會）之藝文獎補助價值與效益提出疑慮。藝文獎補助的相關報導，不外乎圍繞著補助資源分配與再分配、補助效益、審核機制、藝文生態環境和藝文產業發展是否需要政府資金、藝術性認定與評斷標準等議題。此外，部分輿論提出藝術非民生必需品，可有可無，政府實無須加以補助，況且，藝文只會花錢不能賺錢，發展藝文並無利於經濟成長；政府如散財童子般，將藝文獎補助款發送給演藝團隊，對於改善藝文生態環境和藝文產業發展的效果有限。

政府資助[7]文化藝術的正當性，是以美國經濟學家 William J. Baumol and William G. Bowen 1968 年

https://www.youtube.com/watch?v=WhFMf6Xgu3c，檢索日期：2020/03/27。

6　依《文化藝術獎助條例》第十九條，於 1996 年創設財團法人國家文化藝術基金會（簡稱國藝會），主要為輔導辦理文化藝術活動和贊助各項藝文事業，期冀國藝會以專業中介組織的角色，協助政府推動藝文及文化經濟發展。

7　我國法律中，涉及獎補助之法律用語，包含補助、補貼、津貼、捐助、獎助、獎勵、救助、賠償、補償、扶助、協助、輔助、資助、救濟、回饋金等名稱。本研究將以上獎補助費等名稱均以「資助」一詞概括。參見劉玉珠（2011：1-11）。

於《Performing Arts: The Economic Dilemma》書中所提的「成本病現象」（cost disease phenomenon），及公共財、殊價財等市場失靈的論述爲根基。Throsby（2001）主張政策介入是國家爲了調節文化藝術預期的非市場價值，或者市場外部的非經濟價值，如社會價值、象徵價值、歷史價值、美學價值和集體認同的價值等。在臺灣，對於國家藝術文化補助原則、機制的合理性與正當性，以及自由市場經濟的國家介入並沒有清晰的共識（劉俊裕，2018）。因此，政府應否資助文化藝術？政府應否制定與執行藝文獎補助政策？各方觀點論述，仍陷於意見分歧的僵局中。

藝文獎補助政策源於文化部或相關部會，爲因應政府施政計畫，對個人或團體進行財政補助。目前藝文獎補助計畫大多爲競爭性計畫型補助案，政府在制定藝文獎補助政策時，需考量藝文活動產生的外溢效應，或對特定市場性不足但極具保存價值的藝術領域給予資助，預防該項藝術失傳的可能性；補助款的發放示意著政府認同資助文化藝術對藝文生態環境和產業發展是有意義的。學者 Lowi 指出，補助政策就是

分配性政策，將政策利益集中在少數特定人口身上，但成本是由全國所有納稅義務人共同負擔的政策（羅清俊，2015：326）；而藝文獎補助政策的直接獲益者，就是演藝團隊或藝術家。

1981 年行政院成立文化建設委員會（簡稱文建會），爲我國第一個政府設置之獨立文化藝術機構[8]，統籌規劃國家文化建設施政的最高機關；1992 年在前總統李登輝先生主政時期，希望以國際化和本土化作爲解嚴後的文化重點概念，尋求以文化軟實力與國際接軌；同年 7 月頒布《文化藝術獎助條例》[9]，鼓勵藝文發展，使藝文獎補助政策有法源可遵循。時任文建會主委的郭爲藩先生爲配合中央政府施政，推出我國第一個演藝團隊扶植策略並協助發展國際演出之「國際性演藝團隊扶植計畫」，期冀透過獎補助機制的引領，使演藝團隊開始邁向專業經營，放眼國際市場。

---

8 1967 年 11 月設置教育部文化局，主管戲劇、音樂、舞蹈暨國際文化交流，歷時 5 年半，於 1973 年 5 月裁撤。

9 《文化藝術獎助條例》於 1992 年 7 月公布實行，分別於 1993、1998、2005、2012 年進行修正；2017 年，文化部有鑑於藝文環境變遷，啓動該條例研修；2019 年《文化基本法》的通過，加速《文化藝術獎助條例》修法；2021 年 5 月修法通過，改稱《文化藝術獎助及促進條例》。本研究將統一採用《文化藝術獎助條例》。

「國際性演藝團隊扶植計畫」自 1992 年實施至今，已有 29 年的歷史。期間配合政府文化政策，計畫名稱 [10] 與作業辦法歷經多次調整修正。設置「演藝團隊年度獎助專案」的初衷是以扶植演藝團隊發展為主，由文建會主動遴選團隊給予經濟支援，協助團隊營運與擴展國際演出能量。計畫施行 8 年後，2000 年將甄選方式改為演藝團隊主動報名，再由文建會邀請專家學者組成評審委員會進行三階段審核，決審委員會將決定獲補助團隊與核定獲補助金額；團隊獲選後，將接受評鑑委員進行為期 1 年的評鑑工作。

　　早期年度獎助專案的作業模式為文建會負責前期徵選作業，接續的評鑑工作採業務委外辦理，曾分別由社團法人中華民國表演藝術協會（簡稱表盟）或臺灣美學藝術學學會執行。文化學者林谷芳教授，自 2001 年起連續 16 年擔任評鑑計畫主持人；直至 2017 年，「演藝團隊年度獎助專案」的評鑑工作首次改由國藝會辦理，隔年（2018）文化部為強化藝文中介組織的專業角色與功能，將「演藝團隊年度獎

10　年度獎助專案名稱歷經四次異動，除探討藝文獎助專案發展沿革章節外，本研究將統一稱為「演藝團隊年度獎助專案」。

助專案」之業務交由國藝會執行，國藝會為使補助資源妥善運用，帶動藝文環境之正向循環，訴求以陪伴精神關照團隊營運發展，設置新作業要點，同時調整為審鑑合一的獎補助機制。

觀察我國演藝團隊的發展，團隊草創時期皆需面對經費籌募的挑戰。目前民間演藝團隊的主要經費來源，大致包括團員分擔或捐贈、演出收入、政府資助和民間企業贊助等方式；新創團隊在打響知名度前，演出收入微薄，幾乎無法賴以維生。再則，依據美國經濟學家 William J. Baumol and William G. Bowin 1968 年提出的「成本病現象」，教育、表演藝術等產業的單位成本增長速度遠超過市場的通貨膨脹；換言之，演藝團隊的成本跟營收間將會存在難以平衡的落差現象。因此，政府資助或民間企業贊助等經費來源，對演藝團隊營運和支持其藝術家持續創作就顯得格外重要。

這些年，筆者有機會參與藝文獎補助計畫評審，由獎補助案申請者到評審委員的身分轉換，深刻體認政府資助對演藝團隊營運扮演著能否永續發展的關鍵要素。爬梳藝文獎補助的相關文獻，發覺現有文

獻多著重於藝文獎補助政策執行和效益評估分析，或執行成果研究分析，較少著墨於藝文獎補助機制及其對演藝團隊、藝文生態環境所產生的影響，因而誘發研究我國現行藝文獎補助機制及其影響的動機。

「演藝團隊年度獎助專案」囊括以下四個特點：一、年度獎助專案是我國公部門實施歷史最爲悠久之中央政府層級藝文獎補助計畫；二、少數以演藝團隊營運和整體發展爲補助核心的計畫；三、補助期程爲1年；四、獲補助團隊可享有較高額的資助經費（金額約介於100萬元到800萬元）。以上四點使年度獎助專案有別於其他依演出活動逐案申請的藝文獎補助計畫，也進一步形塑本研究將以「演藝團隊年度獎助專案」爲主軸，假設歷年來接受年度獎助專案資助的團隊，有健全營運體質，同時對該領域藝文生態環境產生影響。

脈絡疏理

～

瀏覽文化部、國藝會或縣市政府文化局（處）網頁，藝文獎補助計畫包羅萬象，在探討藝文獎補助機制之前，本研究將先就政府與演藝團隊之關係、演藝團隊之角色與功能，以及政府資助演藝團隊之正當性等面向進行討論；接著以「演藝團隊年度獎助專案」為例，探討年度獎助專案之沿革、資源配置和運作現況。透過年度獎助專案之沿革脈絡，瞭解年度獎助專案在演藝團隊發展過程中所扮演的角色，檢視年度獎助專案的運作方式，逐一分析補助經費在音樂、舞蹈、傳統戲曲、現代戲劇四個表演藝術類別的資源配置，並進一步探討獲補助團隊對藝文生態環境的影響，以其呼應計畫型補助案之政策引領目的。

「演藝團隊年度獎助專案」的前身為「國際性演藝團隊扶植計畫」，於 1992 年由文建會創設，為政府六年國家建設計畫的一部分，以培養具本土特色與專業水準之表演藝術團隊、協助其發展國際演出，具有扶植團隊發展的特定目標。爾後，因應藝文生態

環境變化與團隊發展需求，計畫歷經多次獎補助機制調整與更名（表 1-1），依序為：「國際性演藝團隊扶植計畫」（1992-1997 年）、「傑出演藝團隊徵選及獎勵計畫」（1998-2000 年）、「演藝團隊發展扶植計畫」（2001-2007 年）、「演藝團隊分級獎助計畫」（2008-2018 年）、「演藝團隊年度獎助專案」（2019 年迄今）；29 年來持續透過獎補助機制，扶植優質演藝團隊朝健全營運體質之永續經營，鼓勵演藝團隊穩健成長，追求卓越藝術表現。

表 1-1　演藝團隊年度獎助專案沿革表

期程	計畫名稱	甄選方式
1992-1997	國際性演藝團隊扶植計畫	內部遴選
1998-2000	傑出演藝團隊徵選及獎勵計畫	內部遴選
2001-2007	演藝團隊發展扶植計畫	公開徵選
2008-2018	演藝團隊分級獎助計畫	公開徵選
2019 迄今	演藝團隊年度獎助專案	公開徵選

資料來源：國藝會，表格：本研究整理。

　　計畫名稱從「國際性演藝團隊扶植計畫」到「演藝團隊年度獎助專案」，扶植兩字悄悄消失，擺脫外界對於扶植隱含著弱勢之刻板印象，同時自 2019 年起，國藝會為彰顯「演藝團隊年度獎助專案」獲選

團隊之專業成就與提升團隊聲譽，創設「Taiwan Top 演藝團隊」品牌標章，建立識別標誌賦予榮耀。此外，原「演藝團隊年度獎助專案」爲文化部業務，2017 年首次委託國藝會辦理獲補助團隊之評鑑作業，隔年（2018）年度獎助專案的甄選和評鑑業務皆改由國藝會辦理。

業務單位的移轉是否對獎補助機制、經費配置與執行效益產生影響？「演藝團隊年度獎助專案」是我國現行藝文獎補助計畫中少數針對團隊營運給予經費資助的計畫型補助案，團隊是否因獲得政府資助，而有相對充裕的經費可以提升營運能力和健全發展體質？再者，「演藝團隊年度獎助專案」的審查和評鑑機制，包含團隊營運和藝術表現；評選過程中，委員們是否容易受團隊藝術表現、整體印象和個人主觀意識而影響評選結果？

2012 年文建會配合行政院組織改造升格爲文化部，首任文化部部長龍應台女士認爲對演藝團隊的資助應持續升級，因而在現有的「演藝團隊年度獎助專案」外，提出國家品牌概念，設置「臺灣品牌團隊計畫」，希冀藉此提供更豐沛資源給「演藝團隊年度獎

助專案」中的大型資深團隊，使其成為各領域之領航團隊。關於「臺灣品牌團隊計畫」的設立褒貶不一，藝文工作者吳思鋒（2016）將「臺灣品牌團隊計畫」視為密室陰謀、黑箱作業，並對「臺灣品牌」的定義與定位提出質疑；劇場工作者紀慧玲（2018）認為另設「臺灣品牌團隊計畫」可把原本在「演藝團隊年度獎助專案」中，長年占掉高額補助經費的資深團隊分割出去，使原計畫有較多的經費協助新創團隊。

筆者認為「臺灣品牌團隊計畫」的設置，可使目前的「演藝團隊年度獎助專案」更臻完善；演藝團隊在接受政府多年資助後，可將「臺灣品牌團隊計畫」視為晉級目標，驅使其持續創作、提升藝術品質和永續經營的動力。日漸茁壯、健全發展的團隊，有機會晉升至「臺灣品牌團隊計畫」，那長期接受政府資助的演藝團隊是否會將獎補助經費視為當然收入，產生資源依賴，進而失去危機意識和市場競爭性？獎補助機制對於這些載浮載沉的團隊，是否設有落日條款或畢業機制？

綜上所述，本研究將針對「演藝團隊年度獎助專案」，自 1992 年實施以來至 2021 年的執行狀況，

進行以下幾點探討：

一、政府資助演藝團隊之正當性。

二、「演藝團隊年度獎助專案」之沿革與資源配置。

三、「演藝團隊年度獎助專案」對藝文生態環境發展之影響。

本研究採次級資料分析法和半結構式訪談。次級資料分析以政府公告之「演藝團隊年度獎助專案」作業要點、獲補助團隊名單與核定獲補助金額、文化部預算書、文化統計、兩廳院售票系統消費行為報告等資料為主；輔以其他政府公開資料、研究案報告、學術著作、期刊文獻和網路資訊等相關資料，瞭解政府應否資助演藝團隊、文化政策和藝文獎補助制度之制定與執行、「演藝團隊年度獎助專案」之全貌，以及年度獎助專案中音樂、舞蹈、傳統戲曲、現代戲劇四個表演藝術類別之經費配置。

半結構式訪談[11]，訪談對象包括：政府部門和藝文中介組織之相關人員、四個類別之評審委員和獲補

11　筆者於 2020 年 5-6 月，以親自面訪和電話訪談方式，訪談所有受訪者。

助之演藝團隊。年度獎助專案執行 29 年來，四個藝術類別共有 236 個演藝團隊獲得政府經費資助，資助總金額為 36 億 6,708 萬元。參考團隊獲補助年數、獲補助金額和團隊立案地點，採立意抽樣 [12]，分別於音樂、舞蹈、傳統戲曲和現代戲劇四個類別中，各選兩個團隊前往拜訪，透過團隊執行長、藝術總監、行政經理和計畫利害關係人的分享，對「演藝團隊年度獎助專案」之實際運作有更深入理解，同時補足現有資料不足之處。最後，彙整各方意見，嘗試提出未來制定和執行藝文獎補助計畫之建議。關於本研究的 21 名受訪者，依其代表類別、代碼、背景，整理為下表 1-2。

表 1-2　訪談對象一覽表

類別	代碼	背景
政府部門	A1	業管官員（薦任級）
	A2	業管官員（簡任級）
	A3	幕僚機關相關人員（主管）
	A4	幕僚機關相關人員（主管）
	A5	幕僚機關相關人員（非主管）

---

12 四個表演藝術類別中各選兩個演藝團隊，分別於 1992-2020 年間曾獲獎助達 10 年以上的團隊和 5 年以內的團隊；這兩個團隊包含一個北部團隊和一個外縣市團隊。

類別	代碼	背景
評審委員	B1	大學教授／藝術與人文專業
	B2	大學教授／藝術與人文專業
	B3	大學教授／藝術與人文專業
	B4	大學教授／藝術與人文專業
	B5	大學教授／藝術與人文專業
	B6	大學教授／藝術與人文專業
獲補助團隊	C1	音樂類團隊
	C2	傳統戲曲類團隊
	C3	現代戲劇類團隊
	C4	舞蹈類團隊
	C5	舞蹈類團隊
	C6	音樂類團隊
	C7	音樂類團隊
	C8	傳統戲曲類團隊
	C9	現代戲劇類團隊
	C10	舞蹈類團隊

表格：本研究整理。

本研究將聚焦於「演藝團隊年度獎助專案」，進行深入探討，無意涵蓋目前文化部、國藝會和縣市政府文化局（處）所執行之各類藝文獎補助計畫。文中探討的演藝團隊以曾獲得「演藝團隊年度獎助專案」之 236 個團隊為主，非全國所有演藝團隊之普查。「演藝團隊年度獎助專案」執行至今近 30 年，礙於

文建會早期未普及數位化建檔、資料零散，該部分將透過利害關係人之訪談予以釐清。爾後，年度獎助專案在文化部和國藝會執行期間，作業要點、補助結果和評審名單皆公告於官方網站；唯各團隊歷年年度經費編列與運用屬團隊個資，取得不易，僅少數設置文教基金會的演藝團隊，依規定須上網公告年度財務報告，因此個別團隊年度營運總經費之資訊不完整，將成為本研究的限制。

政府最初設置「演藝團隊年度獎助專案」，是以協助演藝團隊提升整體營運能力、建立永續發展為目標。觀察年度獎助專案執行狀況，發現政府資助經費的多寡，對演藝團隊的規模、組織架構、團隊成員組成（核心藝術成員、專職行政和技術人員）、行政成本、製作成本、財務結構，以及公益性藝術推廣能量等有直接影響；此外，政府長期給予演藝團隊高度支持與實質經費資助，而獲補助團隊是否妥善運用公共資源，嘗試創新製作、打造經典代表作、人才培育和藝術教育推廣，將藝術觸角擴展至社會各地，發揮藝文公共性呢？

它山之石

～

　　國內現有藝文獎補助政策的相關文獻，如政府委託研究案、期刊論文、學術論文和書籍等，多著重於藝文獎補助政策執行和效益評估分析、補助案執行成果研究案，較少聚焦在藝文獎補助制度，也就是競爭型藝文獎補助計畫本身進行探討。本研究將以計畫型補助案、藝文獎補助計畫、資源依賴觀點等三個主題，進行相關文獻回顧與探討。

一、計畫型補助案

　　計畫型補助案通常為配合中央政策而制定之，採競爭模式，具有政策引導之特定目的，其受益對象涵蓋廣泛，容易發揮外部效益。補助款的分配型態受補助方案之政策特性影響，隨著時間與空間而變；即使如此，計畫型補助案之政策特性仍是決定補助款分配型態的重要因素之一，也是最常被分配研究所討論的範疇。一般來說，如果計畫型補助案的政策特性屬於公共工程類的基礎建設，例如交通建設或都市更新發

展，或是農糧保證收購制度的農民補助方案，通常容易看到政治性因素介入，原因是該類補助案的利益集中於少數區域，而成本由大多數的選區所承擔，因此個別成本的承擔人便比較不會關心該方案利益的實際分配情形，這個時候，政治力容易在缺乏大眾爭議的情況下介入補助款分配過程。

相對來看，比較偏向於所得重分配的補助案，如教育補助或社會安全津貼，由於幾乎事關每位民意代表選區中的每一個人，基於民意代表彼此互惠的情形下，此類補助預算分配較傾向於每個選區均通通有獎的型態；同時該類補助款的受益者大都為適格的個人，因此在所有受益人分配之後，個人所獲得的補助款額度將相對較低，更何況近乎人人皆有獎。在這種情況之下，民眾較少會感激民意代表為他們爭取這些微薄補助，進而政治人物也就對這類補助預算的爭取意興闌珊。換言之，政治性因素介入的機會就相對減少（羅清俊，2001：124）。

一般經濟學者多從規範面因素來討論補助款「應該」如何分配，即從公平和效率角度分析補助款的分配狀況。除規範面因素外，政治學者 Lowi（1964）

提出分配理論並從政治層面探討補助款的分配問題；此外，政黨因素也被認為是影響地方政府獲得補助款的重要因素；最後，政治景氣循環理論也可以解釋補助款的分配（姚名鴻，2012）。

計畫型補助案的內容鉅細靡遺，如生活圈道路系統建設、農田水利設施興建及改善計畫、衛生所擴建及空間規劃等工程類的硬體建設，還有非工程類的軟性建設，如教學卓越計畫、數位建設和社會福利補助計畫等（李顯峰，2004：58）；其中藝文獎補助計畫與教育領域的計畫型補助案有著相似之處；藝文和教育兩者均以人為主體，藝文品味之養成與教育之潛移默化，皆需投入大量時間成本使其沉澱內化，非立竿見影，也難以採科學量化方式進行評估。此外，前文建會主委黃碧端女士曾建議仿照高等教育卓越計畫的模式，將政府對演藝團隊的資助採競爭性的獎勵機制，使演藝團隊能獲得更多資源與贊助（周美惠，2008）。因此，本文將同為軟性計畫型補助案的教育部高等教育經費分配之教學卓越計畫，一併納入討論。

計畫型補助案被視為競爭性經費分配機制，係指上級政府以非常態性的經費分配，鼓勵受補助單位

提出相關計畫書或本身具有優勢的表現指標，以爭取更多經費資源（陳盈宏，2014）。隨著我國高等教育發展，從菁英化邁入大眾化及市場化，高等教育機構數量急速擴充，高等教育資源面臨稀釋與其他諸多挑戰，政府因而改以大學學術自主發展爲教育改革目標。2005年教育部首次提出「獎勵大學教學卓越計畫」（簡稱教卓計畫），以競爭性經費作爲引導大學提升競爭力和回應政府目標的工具，鼓勵大學根據自身優勢與條件，自我定位，形塑良性循環競爭風氣，有效提升大學教學品質及發展教學卓越大學之典範。

教卓計畫以「校」爲申請單位而非個別系所，經費分配模式間接引導大學朝向政府所期待的發展方向，因此當年各大學紛紛往研究型綜合大學發展；此外，教卓計畫所訂定的指標與教育部其他獎補助計畫有所重疊，易出現資源過度集中於特定學校的現象，進而衍生資源分配的扭曲和浪費，形成強者越強，弱者越弱的發展趨勢（范雪莉，2012）。再則，教卓計畫是由公立及私立大學校院根據教育部設定條件（師資、學生、課程規劃、教學品質管控機制）提送書面計畫，僅採書面審查方式，無經費分配公式和審核指

標等相關配套措施，審查過程不夠公開透明，導致經費分配公平性受到質疑，更容易淪為所謂的撰寫計畫作文比賽，難以回應學校真正需求；而有更甚者，出現請託關說和通通有獎等弊端（李顯峰，2004；陳盈宏，2014：172）。

Powell（2008）認為經費分配的討論，如同一個鐘擺，由過去重視的投入導向，擺動到現今重視績效的產出導向。Auranen 與 Nieminen（2010）分析八國大學經費補助與成效時發現，經費競爭較為激烈的國家，在經費執行上亦有著較高的效率，但實際的經費運用與研究成果的發表量比值卻無太大波動。Liefner（2003）認為資源分配的方式是鼓勵大學發展創新與績效文化的手段之一，但對大學長遠發展成功與否的直接影響力是有限的。因為，大學為獲得計畫型補助案的資源，可能傾向於設定易達成指標，研究報告結果可信度和品質優劣難以確認，指標設置之象徵意義將大於實質意義。Harnisch（2011）進一步歸納提出，以績效指標為本位的經費制度，透過彼此競爭，提升大學績效、落實資訊透明度、增加生產力，以及配合政府政策等優點；但也容易發生以下四點現象：

（一）從有限指標描繪大學績效，難以觀察到大學整體貢獻。（二）大學為獲得經費，過於強調效率甚於品質，可能損及學術品質，扭曲核心目標。（三）重視績效評估將對學術自由與大學自主產生影響。（四）資源配置不均和資助經費的不穩定（轉引自范麗雪，2012；葉怡芬，2017）。

計畫型補助案採競爭方式爭取經費，就不會是雨露均霑人人有獎。大學為爭取資源，容易將指標設定為易達成的表面效果，衝擊學術研究內容和學校辦學特色，出現同質性發展現象；再則，依資源分配結果，可能會加劇大學間 M 型化的階層差異等負面效應。然而，事情總有一體兩面；對於獲得經費的大學，代表的是一種肯定及大學聲望與評價的提升，伴隨而來的循環效益更是不容忽視，因為具有聲望的大學將吸引更多學生就讀，企業和廠商也更願意提供經費進行產學合作，這些都能為學校創造更多自籌收入（范麗雪，2012）。資源分配或重分配的過程中，資源提供者和資源接收者雙方透過滾動式修正，尋找雙贏與高效益的合作模式（葉怡芬，2017）。

由前述分配政治和高等教育教學卓越計畫，瞭解

政治性因素介入計畫型補助案之情形，以及計畫型補助案之優缺點，接著將其應用於檢視藝文獎補助計畫之現況。

二、藝文獎補助計畫

雲門舞集創辦人林懷民說過：「臺灣表演團隊密度之高為國際罕見，但政府對藝文的投資卻少得可憐，文建會每年面對眾多表演團體，僅編列一億元補助，看不出對藝文政策的用心與決心……」（轉引自陳玲玉，2011）。藝文獎補助資源僧多粥少，團隊間搶破頭的現象年年重複上演；從「演藝團隊年度獎助專案」，不定期徵詢專家學者和演藝團隊的意見，作業要點和獎補助機制的調整修正，即可推測政府相關部會迫切希望藝文獎補助制度能日趨完善的用心。但一套制度的建立，又要能讓眾人心悅誠服，談何容易。

藝文獎補助機制實施多年來，專家學者曾多次提出建議；首先希望能順應藝文活動數量的增加，同步提升藝文補助經費（陳玲玉，2011；劉宜君、朱鎮明、王俐容，2011）；審核程序和評審委員資格透

明公開（劉宜君、朱鎮明、王俐容，2009），降低評審委員的重複性、增加評審委員人數，強化評審制度，減少評審委員個人品味和主觀判定對獎補助結果之公正性影響（陳玲玉，2011）；資源分配不應重北輕南，目前獲補助團隊集中於都會區，建議在各區辦理座談會或成果分享工作坊，協助全國演藝團隊對獎補助機制有更多認識，提高申請意願，平衡區域發展（吳曉菁、林文郎，2001）。此外，部分傳統戲曲類團隊以往多以商業演出或廟會節慶外臺戲為主，對於獎補助案的申請流程、企劃案撰寫技巧等行政業務並不熟悉，希望政府單位可以簡化申請流程或提供專人行政協助（林谷芳，2000；陳玲玉，2011）；再者，獎補助機制是否要設立「畢業制」，促進獲補助團隊之流動，並藉以提高小型團隊和新創團隊的獲補機會。

至於補助考量指標，目前仍多以計畫書內容的完整性、計畫執行能力的適當性、計畫內容的創新性、計畫經費的合理性、計畫申請團隊能力的完整性為主，但過於強調企劃書是否會淪為「紙上談兵」？建議未來可依團隊體質差異，提供適切性的扶植與補

助，確定計畫補助目標，建立評估與檢討制度，並設立文化藝術智庫，累積文化藝術補助政策執行之知識與能量（劉宜君、朱鎮明、王俐容，2011）。

　　對於各方建議，執行藝文獎補助的業務單位也適時給予回應，辦理工作坊提供演藝團隊行政人員進修管道，舉辦申請說明會和團隊座談會，讓團隊有機會彼此交流、分享申請經驗，不定期徵詢外界和演藝團隊意見，以求更貼近團隊期望。作業要點多次調整，對評審程序、評審委員會人數和委員背景有更詳盡規定；然而，藝術品味的主觀性則是無法全然避免，取而代之的是增加評審委員人數、採行合議制並採取去除最高、最低分的計分方式，以求審查過程的公平性和公正性，並於會後公布評審委員名單以示負責的公開性和透明性，因此近年針對審查標準不明和評審不公的疑慮大幅降低。目前除少數中央政府層級的藝文獎補助計畫仍有官方代表擔任評審，大部分的藝文獎補助計畫皆由該領域專家學者負責審核，相關業務也逐步交由藝文中介組織執行，降低外界對於政治力介入的擔憂。

　　以光譜兩端來看，一端為政府，另一端是民

間，兩端之間都可稱爲中介組織；其中，行政法人組織爲公法人靠近政府端，依序往民間端移動的私法人有政府捐助之財團法人、民間財團法人和社團法人。首先，中介組織通常屬於執行性質的組織，鮮少由部會首長承擔其日常管理；第二，將部分工作交由以特定單一目的而成立的中介組織來辦理，可比職責範圍廣大的政府部會來實施更有效果；第三，需要政府外部的人才；第四，爲了在政黨政治的舞臺以外，設定特定功能的績效（Pliatzky, 1992，轉引自李天申，2014：164）。將藝文獎補助計畫案交由中介組織執行，是希望政府從事資助與監督之間能遵守「臂距原則」（Arm's Length Principle），維持政府與創意及藝術詮釋的距離，讓藝術免於政黨政治的干擾。

「臂距原則」爲英國在 1945 年提出的概念，指政府對於非典型層級節制式行政組織雖然有責任輔（補）助，卻不得以政治干涉該組織公共任務的執行或行政管理的運作，需要保持適度距離，給予一定之自由度（鄭惠文，2012：13）。以政府資助演藝團隊爲例，英國政府本身很少直接向藝文組織或演藝團隊提供資助，政府通常將特別指定的藝文補助款項，

透過英格蘭藝術協會、蘇格蘭藝術協會等「臂距之遙」的中介組織，將補助經費發放給藝文組織或演藝團隊。「臂距之遙」的中介組織，通常具備以下幾點特徵（Pollitt, 2009: 251）：（一）具有明確的法律依據與定位；（二）與主管部會具有功能上的區隔；（三）具備一定程度的運作獨立性；（四）與主管部會之間有預算、人事或組織目標上的連結；（五）經由管制活動、提供公共服務或行使一定程度的政府權威（轉引自孫煒，2012：499）。簡言之，組織特質為基於效率、專業、去政治化和擺脫行政機關制度的束縛（彭錦鵬，2008：27）。

我國於 1996 年依《文化藝術獎助條例》設置財團法人國家文化藝術基金會（簡稱國藝會），獨立於政府機關之外，又同時橋接產業鏈各利害關係人的政府捐助之財團法人，強調其非政府性與自主性，擁有運用公共支出、實現公共職能以及一定程度獨立於民選政治人物與機關及其任命的政務人員等特性（孫煒，2012：503）。在「臂距原則」和新公共管理「組織精簡」的雙重目標間，透過民主方式，讓不同藝術領域的專家代表、非藝術領域的公部門代表、社區或

社群代表、私部門的企業經理人代表等共同參與，確保組織的公開透明、公正監督與課責，又保持其專業性、獨立性、自主性，有效率地且更有彈性地進行文化藝術的專業管理（劉俊裕，2018）。業務執行單位的中立性、獎補助機制的透明性，皆有助於提升補助結果的說服力和獲補助團隊的榮譽感，也代表機制經得起大眾檢視。

劉宜君、朱鎮明、王俐容（2011）指出文化藝術獎補助政策需要長時間的執行與改革，才能健全文化藝術環境與內涵；應避免主政者的更迭，而使推動中的文化政策或計畫受影響，降低施政效率與效果，讓演藝團隊有朝令夕改的感覺。此外，目前政府較少檢視藝文獎補助政策的長遠成效與影響，建議依效率性、公平性、回應性三個面向設置評估指標；並以文化、藝術與社會三大面向進行影響評估，作為政府評估補助成效的參考依據。

綜觀藝文獎補助機制的運作，部分藝文界人士認為政府干預文化藝術發展，資源過度集中於特定類別、特定團隊，某些特定團隊經常重複獲得獎補助資源，資源配置不公或效率不彰的情形嚴重；此外，對

於非主流藝術創作之資助亦相對較不足夠。前述種種現象是否會如同其他競爭型補助計畫，容易受政治景氣循環影響？或是選舉過後，政黨輪替主事者更迭，意識型態轉換，對特定藝術類別的偏好，出現一次性或專案補助計畫的情形較為顯著（陳玲玉，2011：87）？前文建會主委黃碧端女士曾表示：「文建會將以超然、公正、獨立的立場，且『不受政治及其他因素干擾』，獎助藝文團體不同層次的需要。」（周美惠，2008）

Beck（1989）指出：「在英國的政治文化中，深藏著政治與藝術絕對不能混為一談的基本信念，否則對於兩者都是一種災難。藝術家需要有創造真藝術的自主權，但政府往往無法抗拒掌控藝術的誘惑，來形塑國家藝術的企圖，例如近代歐洲常常引以為戒的希特勒與墨索里尼。」（轉引自王俐容，2016：155）

不論外在經濟、社會、政治、文化因素為何，演藝團隊能否獲得政府資助，主要還是回歸到申請者計畫書內容的完整性、經費編列的合理性、執行經驗的充分性、執行人力安排的適當性、申請團隊能力的完整性、藝文資源平衡等密切相關（劉宜君、朱鎮明、

王俐容，2011）。

三、資源依賴觀點

　　演藝團隊營運存在著顯著的成本病現象，團隊無法生產營運所需的全部資源，市場端也無法提供足夠的藝文消費來支撐團隊營運，供需失衡的情況下，團隊為求生存，必須設法從多元管道取得各種資源；因此，如何獲取各類藝文獎補助資源就成為演藝團隊營運的關注重點與目標。然而為了從他處取得資源，團隊與它所在的環境必然會出現依賴關係；換言之，團隊必須與控制資源的其他組織如公部門（政府）、私部門（企業）或第三部門（藝文中介組織、非營利組織）等有所互動。但控制資源的其他組織往往充滿各種變數，特別是當資源稀少時，團隊必須設法與其進行交易或交換，以獲取所需資源，並嘗試掌控關鍵資源。

　　資源的相互依賴，形塑彼此間的互動，而稀少性資源的爭奪，將導致團隊間的競爭；但因為團隊缺乏對所需資源的控制，所以資源取得常存有高度不確定性。通常團隊為成功獲得資源，傾向修改其結構和行

為模式，以確保能取得所需的外部資源；當外部資源改變時，團隊對於財務誘因與績效等攸關生存或成長的需求，將會積極回應，否則就失去誘發其改變的動機（俞慧芸譯，2007：408；Shin, 2010，轉引自姚昱伶，2019）。

　　依賴性可界定為特定投入或產出對組織的重要性，以及此投入或產出被少數組織控制程度的結果。資源控制權的集中性與資源對組織營運的重要性，共同決定焦點組織對任一其他團體或組織的依賴程度。但不論資源的控制權有多麼地集中，若該資源對組織是不重要的資源，將無法造成組織對其產生依賴。也就是說，無論資源如何重要，除非資源是由少數特定組織所把持，否則焦點組織不會特別依賴某個組織。再則，當焦點組織擁有多重資源管道時，任何資源管道組織對焦點組織的權力，將會隨之降低（俞慧芸譯，2007：116）。

　　汪錦軍（2008）以資源依賴理論（Resource dependence theory）假設組織無法生產自身所需的所有資源，提出下述觀點：（一）組織的成功取決於在環境中獲得更多網絡和更大權力的結果；（二）組織對

外部資源依賴越低，外部環境對組織的干擾和限制就越少；然而，組織間的資源互賴，將造成其他組織對特定組織產生外部控制，但維持組織運行需要各種不同資源，不可能都由單一組織提供；（三）組織必須和外部環境互動、交換或獲取資源，以擴增組織的權力。總歸，資源依賴理論認為組織要降低對外部資源的依賴，並透過擁有其他組織需要的資源，以提高其他組織對本身的資源依賴，獲得總體權力來維持組織自主性及減少對其他組織的依賴（姚昱伶，2019）。

非營利組織與政府，基於雙方都有公共服務的目標，而存有資源與權力的相互依賴關係（汪錦軍，2008）。大多數的演藝團隊屬非營利組織，政府與演藝團隊的互動，理想狀態是兩者各有功能優勢的平等相互依賴關係；政府對演藝團隊的依賴在於藝文推廣、教育影響力、國際文化交流和國家形象提升等層面，相較於團隊對政府在資助經費的實質依賴，兩者關係並不完全對等，政府補助款可直接影響團隊興衰存亡，進而衍生出團隊對政府的明顯單向依賴現象。如果政府與團隊間的淨交換關係是不對稱的，則較不依賴的一方自然可獲得淨權力，並可以此來影響或限

制另一方的行動。因此，組織對其他組織的影響潛能，係取決於組織對對方所需資源的裁量控制權、對方對此資源的依賴程度，以及對方缺乏對抗資源或無法取得替代資源程度等三個因素（俞慧芸譯，2007：119）。

藝文獎補助計畫是文化部為落實文化政策所採行的政策工具，辦理藝文獎補助計畫的組織，可視為提供演藝團隊外部資源的組織，部分演藝團隊為獲取更多外部資源，便循文化政策調整創作內容或營運模式。舉例來說，近年文化政策對於本土化、科技藝術或跨領域發展之重視，促使演藝團隊紛紛創作與之相關的作品，進而市場上有更多的作品是以本土素材為主，嘗試將科技藝術元素融入各類型創作，或推出跨領域製作等。同時，演藝團隊為降低對特定組織之依賴，須設法分散對政府獎補助款的依賴風險，其他經費籌措管道包括創辦民間藝術教育機構，或尋求企業或民間基金會贊助；唯臺灣的企業或民間基金會，對演藝團隊的捐贈及贊助情況並不踴躍，除少數特定民間基金會外，大多數的企業和民間基金會都傾向於贊助社福慈善機構或宗教團體，較少有企業或民間基金

會願意資助演藝團隊。

　　此外，若企業以形象宣傳或投資報酬率作為考量，名氣響亮、形象良好和具規模的演藝團隊較容易獲得企業捐款或活動贊助之青睞，彼此拉抬產生加乘效果與外溢效應，而中小型團隊或新創團隊相對較少獲得企業贊助的機會，種種因素促使演藝團隊和企業間的互動並不熱絡。因此，部分藝文中介組織如國藝會或國家表演藝術中心，藉由「藝企合作」，長期推動藝術與企業間的交流，讓企業對演藝團隊有更多認識與瞭解，進而提高企業或個人之贊助意願，建立夥伴關係。再者，政府若能提供更多租稅優惠誘因或制定相關法規，鼓勵企業或個人贊助演藝團隊，或許能進一步提升雙方合作機會，也可同時紓解演藝團隊長期對政府相關組織高度單向依賴的現象（陳玲玉，2011；吳曉菁，2001）。

政府與演藝團隊

　　文化權在 21 世紀開始被廣泛討論，McGuigan
（1996）指出文化權觀點將文化高度的政策化，並賦
予文化政策更強的責任負擔與壓力。Murray（2002）
在〈第三部門：文化多樣性與公民社會〉中提出，文
化權主要涵蓋本質性、表現性、工具性、民主性、規
範性、審議性等六個面向。「本質性」是指人民在身
分認同與尊嚴方面必須得到保障的權利；「表現性」
為人民有自由選擇語言使用的權利，去表現與傳承其
文化；「工具性」是政府必須提供必要的教育、資訊
工具等，以利文化保護與發展；「民主性」是人民擁
有平等權利參與公共事務；「規範性」指政府必須建
立尊重、包容等公民價值環境，讓人民免於文化暴力
恐懼；「審議性」則是文化身分認可、文化自決等相

關權利。

在此觀點下，政府施政表現、企業商業行為或演藝團隊發展，皆受到外界越來越嚴苛的檢視。許多演藝團隊的成立，是以文化權的立場出發，為新興文化的發展空間發聲，或是為族群文化的文化語言傳承請命。UNESCO 在 2001 年大會中通過《世界文化多樣性宣言》，承認文化多樣性是「人類的共同遺產」，2005 年提出《保護與促進文化表現多樣性公約》，呼籲世界各國對於文化多樣性的重視，加強相關的推動工作；更再次強調，多樣性的文化發展是基本人權，不應被忽視（劉維公，2010：348）。文化權被政府予以重視，將牽動政府和演藝團隊的關係發展。

政府與演藝團隊向來有著微妙的互動，看似無交集的兩個主體，基於雙方都有公共服務的目標，如能善用彼此功能優勢將有機會創造加乘效益。目前我國大多數的演藝團隊，登記立案為非營利組織；長期以來，政府採「獎補助計畫」及「契約委外」作為資助演藝團隊的主要政策工具，藉由對演藝團隊有財產價值之給予，達成特定之公共目的，如藝文推廣、教育影響力、國際文化交流或提升國家形象。政府之於

演藝團隊，扮演著「資源提供者」與「管理者」的角色，久而久之，即出現資源與權力的依存互賴關係；此外，政府資助也牽動著演藝團隊的營運與財務結構，甚至扮演著團隊存續發展的命脈，對其角色與功能產生之影響力不容忽視（孫煒，2019：116）。

政府應否資助藝術？贊成與反對各有其支持者。Peacock（1994）、Frey（2000）、Hilbrun and Gray（2001）、平田織佐（2001）皆贊成政府資助藝術，認為政府介入藝術領域或提供財政資助有其合理性與正當性。Hagg（1979）和 Banfield（1984）則反對以公共津貼補助藝術，兩者主張政府無需涉入藝術領域之補助，認為政府過度干預，容易被視為控制和妨礙自由之嫌疑。Pick（1988）則提出政府資助藝術表面上有其必要性，但實際上卻是受到一雙看不見的手所操縱。本章將就政府與演藝團隊之關係、演藝團隊之角色與功能、政府資助演藝團隊之正當性，進行探討。

互惠互利

～

一、歷史脈絡

　　政府與演藝團隊的關係，因社會、政治、經濟發展有著滾動式的變化。1949 年國民政府遷臺，當時社會上出現兩個文化議題，一個是延續五四運動（新文化運動），中西文化的論戰；另一個是遷臺後，如何建構自己的藝文特色與發展。戒嚴初期，社會和經濟發展尚在起步階段，國民所得不高，人民對娛樂和提升心靈生活層次的追求與期待並不強，教育和文化皆為配合政府政令，內容須經審查，對文化政策無太多著墨。當時的藝文表演活動包含政府主辦的國慶晚會、新年晚會，民間的露天電影、外臺歌仔戲和外臺掌中戲等；同時，亦有許多和勞軍結合的藝文表演活動。

　　政府於 1945 年設置國立臺灣交響樂團[1]、1950 年

1　國立臺灣交響樂團當時隸屬於臺灣省警備總司令部，稍後改隸臺灣省行政長官公署，1999 年改隸行政院文建會，現為文化部所屬四級機構。

成立空軍大鵬國劇團[2]、1953 年成立海軍陸戰隊飛馬豫劇隊[3]、1954 年成立海軍海光國劇隊、1958 年成立陸軍陸光國劇隊[4]；民間則有為民俗信仰或傳統節慶衍生的歌仔戲團、掌中戲團，音樂團隊、舞蹈團隊或現代戲劇團隊則寥寥無幾。

1966 年大陸發生文化大革命，陳立夫先生在臺灣提出以保存與推動中華文化為目標，倡議「中華文化復興運動」，對當時的教育與文化內容產生影響；同期臺灣經濟逐步起飛國民所得日增，人民開始尋求豐富心靈的生活與休閒娛樂活動。1967 年 11 月教育部成立文化局，是我國第一個專門掌管國家文化政策的獨立機關，透過管理、輔導、研究、出版等方式，協助文化藝術、廣播、電視及電影的發展，達

2　1949 年國民政府來臺，許多依附於軍中的劇隊隨其來臺。1950 年空軍將霄漢劇團、飛虎劇隊等整編成大鵬劇團，為空軍總部成立的第一個正式劇團，除演戲勞軍也對外營業。

3　最早由國防部國軍經營，位於高雄左營區。1996 年改歸教育部國立國光劇團，成為「國立國光劇團豫劇隊」。2008 年脫離國立國光劇團，改名為「臺灣豫劇團」，與國光劇團、國家國樂團同隸屬於文建會。2012 年 5 月文化部成立，正名為「國立傳統藝術中心臺灣豫劇團」。

4　1995 年，因三軍劇團演出減少，進而解散劇團。教育部整合原隸屬於大鵬、海光、陸光三軍京劇隊的菁英分子，成立「國立國光劇團」。

成文化復興與文化作戰任務。政府隨之著手培育專業表演相關學科人才，設置專業樂團[5]和劇團，從教育、文化素養、生活陶冶等面向全盤規劃發展表演藝術。1972 年國立國父紀念館落成啓用，公部門演藝團隊或場館，肩負起執行文化政策的使命，亦間接帶動民間成立演藝團隊的風潮，如臺北愛樂合唱團（1972）、雲門舞集（1973）、雅音小集（1979）、蘭陵劇坊（1980）、表演工作坊（1984）、屏風表演班（1986）和朱宗慶打擊樂團（1986）等團隊，皆創設於這段期間，爲民間演藝團隊的繁榮揭開序幕。

　　1981 年行政院成立文化建設委員會（簡稱文建會）專責文化相關事務，爲行政院所屬二級單位。1987 年解除戒嚴，人民重拾言論自由，演藝團隊的創意得以發揮，藝文發展逐漸受到關注，同年 10 月國家兩廳院正式完工啓用；綜合前述各項因素，開始對藝文生態環境產生質變的影響。政府爲鼓勵演藝團隊發展，落實政府資助演藝團隊之正當性與合法性，於 1992 年制定《文化藝術獎助條例》，以扶植文化

5　臺北市政府分別於 1969 年成立臺北市立交響樂團，1979 年成立臺北市立國樂團。

藝術事業、輔導藝文活動、保障文化藝術工作者、促進國家文化建設、提升國民文化水準為目標；同時指派文建會為文化藝術事業獎勵、補助之主管機關[6]。《文化藝術獎助條例》於 1992 年公布實施，文建會為配合中央政府國家建設六年計畫，透過文化軟實力尋求國際連結，隨後設置「國際性演藝團隊扶植計畫」，扶植國內具藝術水準之演藝團隊，得以持續穩定地專業經營，培訓專業藝術展演、創作、行政人才，提升專業藝術創作，營造有利於國內表演藝術發展的環境，為達此目標，政府將提供經費資助，支持及協助演藝團隊參與重要國際表演活動。

1994 年文建會提出「社區總體營造」概念，以建立社區文化、凝聚社區共識、建構社區生命共同體為文化行政新思維與政策，整合「人、文、地、景、產」五大社區發展面向。政府與演藝團隊的關係從原本「由上而下：中央到地方」，轉為「由下而上：地方到中央」；再者，「國際性演藝團隊扶植計畫」對演藝團隊而言，深具指標性意義，鼓勵藝術工作者

6　2012 年 5 月公布原文建會之權責事項，改由文化部管轄。

勇於表達自我、從事專業提升，導入政府資源讓團隊
得以朝國際發展。藝術是人類傳達自我思想的媒介，
如果藝術家能擁有獨立創作空間，亦象徵國家政治的
開放與民主化，社會容許批判和接納不同的聲音；此
時，不論是公部門團隊或民間團隊，都不再如戒嚴時
期以配合政府政令為主，開啓藝術自主新時代。

　　2012 年 5 月文化部成立，重整我國文化組織，
中央政府層級有文化部，制定執行文化政策；政府捐
助之財團法人——國家文化藝術基金會，輔導辦理文
化藝術活動和資助各項藝文事業；地方政府層級有縣
市政府文化局（處），發展地方藝文事務；民間有各
類型演藝團隊，依各縣市《演藝團隊輔導及管理自治
條例》[7]，向地方政府登記立案。公部門演藝團隊和藝
文場館，肩負起文化政策執行與推動的責任，如文化
部轄下的國立臺灣交響樂團、國立傳統藝術中心之國
家國樂團、國光劇團、臺灣豫劇團，以及行政法人國
家表演藝術中心[8]（簡稱國表藝）；地方政府團隊和藝

7　各縣市的演藝團隊輔導條例名稱略有不同，但皆為保障演藝團隊之
　　基本權利、提供稅法和營運等協助。

8　國家表演藝術中心包含臺北兩廳院、臺中歌劇院、高雄衛武營國家
　　藝術文化中心，三個國家級藝文場館，以及國家交響樂團，簡稱國
　　表藝三館一團。

文場館，如臺北市立交響樂團、臺北市立國樂團、桃園展演中心[9]和屏東演藝廳[10]；由中央到地方，公部門到民間，逐步勾勒出政府與演藝團隊之關係輪廓。再者，文化部或縣市政府文化局（處）等機關制定藝文獎補助政策，透過政府機構或藝文中介組織如國藝會和各縣市文化基金會，資助民間演藝團隊，加速其興盛繁榮，並嘗試尋求精緻藝術與常民文化的平衡點。

演藝團隊的多樣態發展趨勢，受到政府政策、文化法規、文化行銷及創意經濟等因素影響。2019 年《文化基本法》頒布實施，《文化創意產業法》修法，意謂著表演藝術將開啟產業化的多元方向；有別於創新與實驗性的藝術創作，文化創意產業的崛起，將以獲利為目標。由於公部門行政法規僵化、相關單位業務負荷超載，為推動主要的文化政策，近幾年陸續成立行政法人組織，如國家電影及影視文化中心、文化內容策進院、臺北流行音樂中心和高雄流行音樂中心；以及政府捐助之財團法人等「臂距之遙」的藝

9　2009 年 12 月正式啟用。原為桃園縣政府文化局之桃園縣多功能展演中心。2014 年 12 月，桃園縣升格為直轄市──桃園市，該中心由桃園市政府藝文設施管理中心接管，改稱「桃園展演中心」。

10　隸屬於屏東縣政府文化處，為南臺灣第一座擁有管風琴的縣市等級展演場所。

文中介組織，冀期透過各種管道提高政策執行效率，達成政策目標。再則，回顧演藝團隊的進展，並非單純受到政府公部門或民間私部門的影響，源自文化藝術本身的內部力量，也扮演著重要的角色。解嚴後，民間釋放出強大的民主力量，發起各種文化運動，從傳承族群文化到爭取文化藝術工作者權益，相關運動規模雖不大，但順勢帶動民間演藝團隊的蓬勃（劉維公，2010：347）。

二、藝文獎補助計畫

中央政府層級的文化部、國藝會，至地方政府層級的縣市政府文化局（處），有著各式各樣的藝文獎補助計畫；若將計畫範圍縮小至 1 年的補助期程、補助考量以演藝團隊營運為主，分別有文化部「臺灣品牌團隊計畫」、國藝會「演藝團隊年度獎助專案」和縣市政府的「縣市傑出演藝團隊」。表 2-1 為「臺灣品牌團隊計畫」、「演藝團隊年度獎助專案」、「縣市傑出演藝團隊」三個藝文獎補助計畫於 2014-2017 年的統計數據[11]：22 縣市立案的演藝團隊從 2014 年的

11 由於各縣市文化局（處）之公開預算書，未詳列該縣市各年度「縣

表 2-1　2014-2017 年藝文獎補助計畫統計表

		2014	2015	2016	2017	平均
22 縣市立案團隊（數目）		5,336	5,669	5,830	6,315	5,788
臺灣品牌團隊計畫	獲補助團隊（數目）	5	5	5	5	5
	文化部補助金額（萬元）	10,000	9,900	9,000	9,000	9,475
演藝團隊年度獎助專案	獲補助團隊（數目）	85	88	81	80	84
	文化部補助金額（萬元）	15,460	15,600	15,280	14,470	15,203
縣市傑出演藝團隊	獲補助團隊（數目）	190	178	162	169	175
	文化部補助金額（萬元）	1,600	1,890	1,800	1,835	1,781
	縣市配合款（萬元）	3,060	3,297	4,150	3,955	3,616
	總額（萬元）	4,660	5,187	5,950	5,790	5,397

資料來源：《表演藝術年鑑》（2018），表格：本研究彙整。

市傑出演藝團隊」預算；2018 年出版的《表演藝術年鑑》為最後一次完整揭示三個藝文獎補助案之相關數據，因而本研究以此為主要參考資料。再者，據筆者觀察各縣市立案團隊總數之變化，以及「臺灣品牌團隊計畫」和「演藝團隊年度獎助專案」於 2018-2021年的獲補助團隊總數和獲補助總金額，推測三個藝文獎補助計畫的資源分配與再分配，自 2017 年至今，未出現明顯變化。

5,336 個團隊，成長到 2017 年的 6,315 個團隊，增加
979 個團隊。三個藝文獎補助計畫的獲補助團隊數目
平均值，由高至低分別爲「縣市傑出演藝團隊」175
團、「演藝團隊年度獎助專案」84 團和「臺灣品牌團
隊計畫」5 團；進一步分析，「縣市傑出演藝團隊」
的獲補助團隊約占全國立案團隊總數的 2%～3%；
「演藝團隊年度獎助專案」約介於 1%～1.5%；「臺
灣品牌團隊計畫」近 1‰（參見表 2-2）。計畫補助
總經費平均值，由高至低依序爲「演藝團隊年度獎助
專案」約 1.5 億元、「臺灣品牌團隊計畫」約 9,500
萬元和「縣市傑出演藝團隊」約 5,400 萬元。

表 2-2　2014-2017 年藝文獎補助計畫獲補助團隊數和補
　　　　助總經費之平均數

名稱	獲補助團隊數	補助總經費	獲補率	各團獲補助金額
品牌團隊	5 團	9,475 萬元	1‰	1,000～3,900 萬元
獎助專案	84 團	1 億 5,203 萬元	1%～1.5%	80～780 萬元
縣市傑團	175 團	5,397 萬元	2%～3%	3～100 萬元

資料來源：《表演藝術年鑑》（2018），表格：本研究整理。

圖 2-1 以金字塔呈現 2014-2017 年三個藝文獎補助計畫，獲補助團隊數目和補助總金額之平均數；最上層為「臺灣品牌團隊計畫」，有 5 個團隊獲得補助，補助總金額為 9,475 萬元；第二層是「演藝團隊年度獎助專案」，有 84 個團隊獲得補助，補助總金額為 1 億 5,203 萬元；最底層是「縣市傑出演藝團隊」，平均有 175 個獲補助團隊，補助總金額為 5,397 萬元。

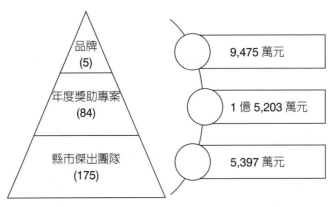

圖 2-1　藝文獎補助計畫獲補助團隊數和補助總金額之平均數

資料來源：《表演藝術年鑑》（2018），圖：筆者自繪。

　　「臺灣品牌團隊計畫」、「演藝團隊年度獎助專案」、「縣市傑出演藝團隊」三個藝文獎補助計畫，因政策目標、計畫目的以及對團隊的預期不同，三者

間的層級關係，可於個別計畫的獲補助團隊數目、補助總經費和各團隊獲補助金額級距，看出其區隔。

> 我們很鼓勵這些地方的劇團，他們可以
> 先在地成長。因為一下子要進中央，當
> 然沒有那麼容易。但是在地方上被扶植
> 了，然後也開始累積經歷，然後再往上
> 逐步地躍升到中央，大部分是可以依照
> 這樣的程序在走。（評審委員 B6）

　　政府對演藝團隊的經費資助可以是團隊的「臨界點經費[12]」，也可以是「續命經費」，但絕對是一股穩定的力量。綜觀之，獲得政府直接給予經費資助的演藝團隊並不多，「臺灣品牌團隊計畫」和「演藝團隊年度獎助專案」的獲選團隊具有其代表性，而這些團隊的作品支持著全國各式各樣的藝文活動、場館節目、藝術節慶，象徵全國藝文生態的興盛，也說明了政府資助演藝團隊的必要性。

---

12 「臨界點經費」的臨界點，是指演藝團隊由虧轉盈的關鍵，少了這一點，以後會一年比一年更難經營，有了這一點，它一年會比一年更好經營。

優人神鼓曾於 2012 年宣布暫停創作 3 年，當時財團法人擊樂文教基金會創辦人朱宗慶表示：「優人神鼓反映的問題，其實只是國內各藝文團體面臨困境的一小部分，臺灣藝文補助相對於許多國家預算比重算低，許多團體長期處於『有它不會太棒、沒它活不了』的狀況。」還有「政府補助只是一環，團體要永續，還是要全面發展各項生存之道，比較健康。」綠光劇團行政總監汪虹也指出：「文建會扶植團隊補助已行之有年，這筆經費確實有助於減少表演團體的人事管銷成本壓力，但對於創作助益實在效用不大。」（何定照、李晏如，2012）

政府藉由藝文獎補助計畫或專案，直接給予演藝團隊經費支持，屬直接補助；如現行藝文獎補助計畫的「臺灣品牌團隊計畫」、「演藝團隊年度獎助專案」、「縣市傑出演藝團隊」，三個獎補助計畫皆以 1 年為期程，還有國藝會每半年一期的演藝團隊「常態補助」和每 2 個月一期的「國際文化交流補助」；另外，文化部藝術發展司有「媒合演藝團隊進駐演藝場所合作計畫」、「補助國內表演藝術經典作品大陸巡演」、「表演藝術類經費補助」等各種針對單場展

演或藝文場地的補助計畫。除此之外，臺中國家歌劇院、高雄衛武營國家藝術文化中心和屏東演藝廳，各地藝文專業場館升級、場租優惠、藝文活動營業稅和娛樂稅減免等，都是政府提供給演藝團隊的間接資助。如今，藝文場館的角色功能，由早期單純的場地維護與管理者，逐漸加入製作節目、藝術社群經營、國際交流和策展角色，這將對政府、演藝團隊和藝文場館三者間的關係帶來變化。然而，藝文場館相關議題，非本研究範圍，有待未來後續研究。

> 兩廳院提供各場館服務成本，部分來自團隊所支付的租金，部分來自國家的預算，也是說國家場館對於團隊的支持，這也是文化政策的一環。……另外，各縣市的文化中心都有劇場或是音樂廳，這2年行政院推動前瞻基礎建設預算也涵蓋各縣市表演場地的軟硬體提升計畫，加上文化部這幾年大力協助地方政府舉辦各種文化節慶活動，提供了團隊演出的舞臺和機會，這些都是公共資源。（政府部門 A2）

根據文化部委託臺灣經濟研究院的《文化統計》歷年資料顯示（表2-3），文化部及所屬機關[13]預算總金額，2012年剛成立時有153.67億元，至2019年增加為198.14億元；文化部及所屬機關占中央政府文化支出預算[14]的比率也由2012年的54.32%，逐年攀升到2019年的68.79%；公款補助國內團體的補助金額[15]由2012年33.28億元，到2019年增加為74.16億元，並持續增加中；國藝會補助金額由2012年1.41億增加到2019年的3.57億。

　　政府文化預算的增加、藝文場館軟硬體設備的提升，對演藝團隊的資助與日俱增。唯全球藝文生態環境瞬息萬變，我國表演藝術發展受到國際市場變化影

13　文化部各司局、國立傳統藝術中心、國立國父紀念館、國立中正紀念堂管理處、國立歷史博物館、國立臺灣美術館、國立臺灣工藝研究發展中心、國立臺灣博物館、國立臺灣史前文化博物館、國立臺灣交響樂團、國立臺灣歷史博物館、國立臺灣文學館、國家人權博物館、國立新竹生活美學館、國立彰化生活美學館、國立臺南生活美學館、國立臺東生活美學館、蒙藏文化中心、國家表演藝術中心。

14　中央政府文化支出預算包含文化部、教育部、大陸委員會、客家委員會及所屬、原住民族委員會、國史館、國史館臺灣文獻館、國立故宮博物院、國家圖書館、國立臺灣藝術教育館、國立教育廣播電臺，以及國立海洋生物博物館、國立自然科學博物館、國立臺灣科學教育館、國立科學工藝博物館、國立臺灣圖書館、國立海洋科技博物館、國立公共資訊圖書館等單位。

15　公款補助金額包含前瞻基礎建設計畫補助金額。

表2-3 2012-2019 年中央政府及文化部預算及其比例

年度	2012	2013	2014	2015	2016	2017	2018	2019
文化支出預算（億元）	282.9	267.9	280.8	317.9	288.9	307.1	261.2	288
文化支出預算占總預算比率（%）	1.46	1.40	1.47	1.64	1.46	1.56	1.33	1.44
文化部及所屬機關預算總金額（億元）	153.67	157.22	159.97	167.41	165.31	188.89	178.34	198.14
文化部及所屬機關占文化支出預算比率（%）	54.32	58.69	56.97	52.67	57.22	61.51	68.27	68.79
公款補助國內團體補助金額（億元）	33.28	38.46	35.29	37.2	52.76	55.62	68.52	74.16
公款補助國內團體金額占文化部決算比率（%）	23.2	25.6	24.5	23.1	33.8	30.6	31.6	28.7
國家文化藝術基金會（億元）	1.41	1.57	1.25	1.47	1.54	1.38	3.58	3.57

資料來源：《2020 文化統計》（2021）。

響甚鉅，政府應如何資助演藝團隊、如何制訂相關藝文獎補助政策，仍需緩步調整以盡周全。演藝團隊以政府資助爲立基點，發揮藝文公共性，藝文扎根之文化影響力，達到文化傳承的目標；政府更可藉此落實文化公民權和文化平權，提升文化國力，促進國際文化交流，以文化軟實力向世界發聲。

角色與功能

文化藝術的提供，從全球性的集團企業到個體性的自由工作者都有，大體可分爲「營利」和「非營利」兩個部分。營利組織，大致上以利潤導向型的藝術供給，傾向於大眾娛樂和常民文化形式，需求規模大、涵蓋範圍廣泛，組織對利益的考慮勝過藝術價值。反之，非營利組織，更加關注藝術價值而非財務收益，傾向於更玄奧的藝術形式，例如古典音樂、歌劇、爵士、「嚴肅」戲劇、古典舞蹈、現代舞蹈、精緻藝品、當代視覺藝術等，這些類型的生產活動。事實上，當藝術機構接受政府資助，或者向私人與企業

尋求捐贈作為財政支援時，非營利組織是最可行的組織（Throsby, 2000: 147）。

演藝團隊成立的目的大都源自藝術家對於個人藝術理念的抒發，其事業單位是以個人或團隊形式運作，致力於藝術創作、節目製作、活動企劃或節慶策展，提供機會讓更多民眾能參與文化活動、欣賞藝文展演；團隊作品具創意與獨特性；團隊收入包括展演門票所得、政府資助和民眾與企業的捐贈，重視活動或展演的創新、品質與效率，以提升其市場競爭力（孫煒，2019）。演藝團隊的組織架構多為扁平型，組織內固定人力數量少，因不同活動和製作聘僱自由工作者加入製作團隊。財務管理方面，有相當高比例的演藝團隊必須仰賴政府資源存活，對政府之依賴程度也因不同表演類型之生態而不盡相同（溫慧玟，2007）。

隨著社會政經發展，演藝團隊逐漸將傳統營利與非營利、精緻文化與通俗文化、菁英與大眾等二元劃分界線打破、模糊化（劉維公，2010：350）。Kramer（1987）由非營利組織的特質、目標和實際功效，歸納出開拓與創新、改革與倡導、價值維護和服

務提供等四種角色，以此檢視演藝團隊所扮演的角色，發現演藝團隊與其高度吻合，並擁有可同時兼具多重角色身分的特質。

首先，演藝團隊具有組織彈性、功能自發性，對社會的敏銳觀察，激盪出藝術家的創意，形塑創作源頭，接著召集團隊的藝術夥伴和行政夥伴，逐步將創意轉化為藝術作品，探討、批判社會議題、引領議題發酵、抒發情感、實現理想，具有先驅者的角色，帶動社會倡議與引領革新的開拓與創新。其次，演藝團隊洞察社會脈絡，以藝術為媒介，活躍於社會各層面，展開輿論與倡議，擔負社會體系與政府組織的監督與批評，擁有改革與倡導者的角色。團隊透過藝術作品的呈現，誘發民眾對社會議題的思考，提高公共事務參與意願、人文關懷，美感素養和生活品味之提升，均有助於社會理念及多元價值觀的維護。再者，政府礙於資源與價值優先順序之限制，無法充分發揮踐履其保障與福利功能時，演藝團隊可透過多樣化的服務提供，讓民眾有廣泛的選擇機會（張潤書，1998）。

演藝團隊可同時身兼多個非營利組織角色，發揮

多元的功能屬性。依團隊的發展目標、組織定位和業務，彙整出藝術創作型、教育推廣型、平臺型和國際型等四種功能屬性，以下將分別就各功能屬性進行說明。首先，藝術創作型團隊：專注於新創、實驗性作品，強調創意、美學和藝術價值。第二，教育推廣型團隊：著重於藝術教育推廣，將藝術教育帶入校園、偏鄉、部落、企業等，以小型演出、演講或工作坊，延伸藝術觸角至社會各角落；藝術賞析之餘，也嘗試以藝術為媒介，鼓勵與會民眾透過活動體驗，自我探索、認識自己。第三，平臺型團隊：將團隊豐富的行政、行銷、國際交流等經驗分享給其他團隊，提供實質諮詢與協助；另外，透過策劃各類型藝術節慶，建構新人發表、藝術家和演藝團隊相互交流的平臺。最後，國際型團隊：具備該功能屬性的團隊，通常具有朝國際發展的企圖心與國際化視野，透過經年累月的耕耘，團隊、藝術家和作品享有國際聲望，在國際藝文市場備受矚目深受愛戴，時常獲邀至全球知名藝術節慶演出。

演藝團隊的功能屬性與團隊規模、組織架構、營運模式、財務結構、創作理念和願景規劃等環環相

扣。依團隊的組織架構（核心藝術成員和行政、技術人員）、財務結構（年度預算和年營業額）、作品和製作場次，可概略分爲大型團隊、中型團隊與小型團隊。目前民間多數的大型團隊，大多創設於 1980 年代，當時正值經濟起飛，人民開始尋求精神心靈層次的提升；加上國家兩廳院於 1987 年正式完工啓用，對表演節目的需求增加，藝術創作者紛紛成立演藝團隊。

當年的小團，長年接受政府資助，汲取各方資源，逐漸成爲今日的大團，如雲門舞集、朱宗慶打擊樂團、明華園、優人神鼓等。大型團隊在藝術、製作和行政各個面向專業分工，機制健全、體質良好、具穩固市場基礎，兼具開拓與創新、改革與倡導、價值維護和服務提供四種角色，整合藝術創作型、教育推廣型、平臺型和國際型四種功能，成爲火車頭，帶動該藝術領域的發展。受訪者表示，1980 年代臺灣面臨外交困境，雲門舞集對外以藝術作品向國際發聲，對內促進舞蹈生態興盛。

> 文化到國際去是很重要的，因此雲門是
> 很重要的。雲門的英文叫做 Cloudgate

Dance Theater of Taiwan，臺灣走不出去的時候，它掛出去就是臺灣。（評審委員 B4）

兩廳院成立之後，有一段時間很尷尬，就是因為它沒有節目，……是那個年代，因為有了劇場，我們需要有好的節目，就開始有了扶植團隊這樣的一個計畫。……最初的時候因為環境相對單純，劇場少，媒體也少，所以那幾個團隊他們存在的職責比現在的團隊要大更多。那時候政府透過補助團隊，它一方面要生產節目，它一方面要開發觀眾，所以團隊的責任比現在更重大。（評審委員 B5）

大型團隊有其優勢朝多功能、多面向發展，中、小型團隊則多以藝術創作者為核心的藝術創作型團隊。許多團隊創團的原因，單純為藝術家想要創作具開拓性、實驗性、獨特導向的作品，團隊組織扁平、人員精簡，亦常礙於人員和經費限制，藝術家兼

職行政工作；唯藝術家對行政業務之繁瑣難以勝任，勞而無功，反而出現藝術創造力被磨滅，靈感缺乏或倦怠，因此團隊就須思索未來營運方式和轉型的可能性。多數團隊會先採行逐步增加教育推廣或平臺功能之路徑，開發新市場和開拓經費來源，以度過創作低潮期，當然也有少數團隊選擇休團或解散。

另外，關於團隊的國際型功能，普羅大眾的刻板印象容易將國際發展與大型團隊劃上等號，忽略中、小型團隊特有的機動性強、靈活性高、風格獨創，以及製作和人事成本相對較低等優勢。2007 年起，文化部與駐法國代表處臺灣文化中心，系統性地推動臺灣團隊參與外亞維儂藝術節；2014 年，文化部首度在愛丁堡藝穗節主辦臺灣主題展演「臺灣季」（Taiwan Season）。觀察歷年獲文化部資助參與兩大藝術節的團隊，多為中、小型團隊，這現象說明團隊是否具國際型功能，與團隊規模大小並無直接關係，而是與團隊創作核心、藝術品質和願景規劃有著更直接密切連結。同時喻示政府應支持各種類型與規模的團隊，鼓勵團隊打造品牌特色和獨創性，讓藝文生態呈現多功能、多樣態的發展。

資源依賴

綜觀藝術歷史發展脈絡，表演藝術和視覺藝術，皆由人類生活演化而來；從早期的祭祀儀式到後來的宗教儀式，都與音樂、舞蹈、戲劇等表演藝術息息相關。此外，早年的藝文表演活動大多依附在皇室貴族或宗教祭典，當時的藝術創作者，僅需專注於藝術品質，無需擔憂作品的市場性或經濟產值，因此，早期藝文表演活動的初衷並非市場行為或產業化商品。另一方面，隨著社會政經環境變遷，大眾文化中的流行音樂、街舞、電視、電影、微電影、商業廣告等都以商業獲利為目標，所以表演藝術的本質從藝術創作與創新到具市場利益的產業，從藝術家個人到演藝團隊，樣態豐富變化多端。隨著文化藝術概念的持續擴大，藝術／娛樂、傳統菁英／大眾藝術、高級／通俗藝術，或是公共贊助／商業文化之間的區隔逐漸消弭（王俐容，2005）。

Throsby（2000）以藝術為例，從下述三個面向解釋公部門在決定藝術補助款項的考量。首先，假

設社會對於藝術漠不關心甚至有敵意時，政府藉由補助或其他手段對於特定的藝術型態強加干預，將使政府顯得過於獨裁；即使在最好的情況下，政府在消費主權主導資源分配的社會中，依然被視為溫和的專制主義者。第二，假設政府與民眾都相信藝術對社會是有益的，所以公部門應該在支持藝術上扮演好它應有的角色，爾後政府的行動便可以此共識為基準；廣義地說，政府的行動就可以被解釋為與個人偏好是一致的；但少數受政府補助的藝術活動，難免出現情色內容或對宗教褻瀆，與社會大眾對藝術的認知和想像有差異，因此對於政府行為與個人偏好一致論述的合理性便會遭受質疑。第三，政府對藝術的補助可視為私人競租（rent-seeking）行為的結果，同時也可視為藝術產業中，企業成功地掌握撥款補助的程序，然後進而轉換成自身的利益。

1950-1960 年間福利國家出現，文化平等觀念興盛，支持藝術創作與藝術參與的機制儼然成形，許多社會制度開始鼓勵社區的創意發展，國家教育策略也認定兒童接觸藝術的重要性，政府從單方面的文化提供與散播，轉為多元與包容的立場。當代的文化研

究，將此轉變解讀爲上流社會與中產階級高等文化（high-culture）霸權的瓦解，以及對社會中的少數民族與弱勢團體投注關懷。爾後，由於政府預算縮減，文化的主導地位從公部門轉移至私部門和第三部門；間接促成藝文場館經營和提供大眾服務的較高彈性、機動性高和企業化經營概念（Throsby, 2000: 175）。Throsby 指出無論是藝術、文化遺產、大眾傳播、電影製作、出版等不同領域都和公共政策有著密切關係，政府利用補助金、企業公有制、投資獎勵制度、減稅制度、資訊提供、各種教育和訓練等政策工具，由經濟面向合理化公共補助文化的需要（2000：185）。

Heilbrun and Gray（2001）由經濟學角度出發，贊成政府資助藝文活動。因爲藝文活動會產生許多無形外部效益，例如留給後代子孫的遺產、提升國民對國家的認同與聲望、活絡地方經濟效益、通才教育的貢獻、鼓勵藝術創新和提升整體社會層次等。Peacock（1994）認爲整體社會福祉（welfare）可分爲物質與非物質兩個面向，物質爲經濟上之實質條件，非物質則呈現於社會之環境品質（Environment Quality,

E.Q.）；進一步言之，環境品質源自於國內經濟生產毛額的投入，同時與各種文化財（culture goods）的發展產生正相關之連動性。文化財的產出來自於私人贊助與政府資助，而私人贊助與政府資助又皆來自國民個人經濟所得，因而形成一個環環相扣之連動關係（圖2-2）；這之中的假設是，環境品質的塑造有賴於文化財之提升，但文化財的生產並不足以達到社會需求量，所以需要政府的資助（謝瑩潔，2001：13）。

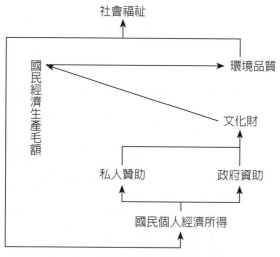

圖2-2　政府文化藝術補助於整體社會福祉之角色

資料來源：Peacock, Alan. 1994. "The Design and Operation of Public Funding of the Arts: An Economist's View", *Cultural Economics and Cultural Policies*. p.169.

政府資助文化藝術是對於公共財（public goods）的強調，認為國家支付經費保護美術館或公共藝術的存在是為了公共利益，因為市場機制無法確保它們的存在；或是從文化藝術的特殊性，認同文化藝術與藝文經驗的獨特性與創新性是具有意義象徵的商品，不同於物質商品，因而無法讓經濟市場自由決定。此外，由文化平等接近使用的觀點，清楚重申必須以國家力量介入市場，以確保所有人都享有文化權。基於公共財、美學價值、文化權保障以及文化藝術象徵的特殊性，政府應該適時介入，以避免市場機制對公共藝術或文化權產生危害；喻示著國家應該保護文化藝術的美學價值、文化價值、社會價值，以及額外的「附加價值」；換句話說，政府以公共資源支持文化藝術的理由已經超越藝術層面，延伸至地方產業發展和就業機會創造等面向，而這一切都將涉及更為複雜的社會層面探討（王俐容，2005：176）。

　　目前，政府以獎補助計畫，為其資助演藝團隊發展的政策工具，但政府是否也曾在「市場失靈」導致演藝團隊無法有效自行運作時，直接介入予以修正其資源重分配？何康國（2000）表示，政府應當依表

演藝術產業的程度，來決定其資助的經費與強度。由圖 2-3 得知，金字塔頂端的專業族群，被視為產業的先驅者和創造者，開拓前衛、精緻藝術的創作，政府應加強補助、挹注資源，讓藝術家或演藝團隊心無旁騖，不需為迎合觀眾和票房而改變其創作特色，他們尋求與社會對話，是批判和展望未來的族群，成功時將會帶動整體產業都獲益。反之，具有產業競爭力、銷售能力的流行藝術，政府則不必給予太多的金錢補助，他們有著廣大的支持群眾，可以從市場的商業模式獲得相關的資源與利益。因此，政府、公部門補助之經費、資源、附加條件之比例，應隨大眾化程度增加之幅度而遞減。

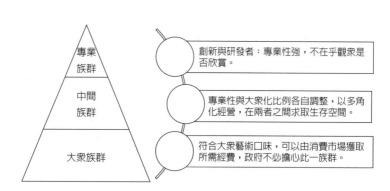

圖 2-3　表演藝術整體產業結構圖

資料來源：何康國（2000：5）。

三十而立：政府資助表演藝術團隊關鍵報告

Baumol and Bowin（1968）透過分析發現，表演藝術在成本跟營收之間的落差，會出現一個非常嚴重的「成本病現象」，如果希望發展表演藝術，就一定要有方法去支持它在經濟上面不可能自我完成回本的先天性問題。對於政府應否資助演藝團隊，多位受訪者表示，國內表演藝術市場和藝文生態環境都尚有開展空間，演藝團隊想要藉由票房和市場機制自給自足，在現階段是有困難的，若團隊希望永續經營，政府資助是必要的。

> 團隊能在經濟上將表演藝術做成獨立經
> 營體的其實極為少數，因為它既要能應
> 對市場機制，又要能守住自己的美學原
> 點，甚至還要呈現出藝術高度，……由公
> 部門設法來予以資助，使得它不受市場
> 機制的過度牽連，就是必要的。……總體
> 來說所有藝術門類裡，表演藝術需要公
> 部門資助的比例是比較大的。（評審委
> 員 B1）

團隊一旦加入這個計畫，希望在培植 3、

5年後，團隊自己可以獨立，再來申請其他的補助案……。因為臺灣市場又不夠大，所以在臺灣要讓團隊可以獨立營運就有一定的難度。（評審委員B3）

民間劇團要生存，自然有它面對市場的壓力。不論是傳統戲曲或者戲劇、舞蹈等這些藝文活動，尤其在當下影視文化的市場競爭底下，有它一定經營上的困難。……對於劇團來說，他們面對市場這個成本其實是很高的。……所以我覺得這樣的一個政府的資助，我是持一個比較正面的態度。（評審委員B6）

歐美補助制度的基礎理念是建立在文化藝術是國家或區域文化不可或缺的元素；因為不可或缺，所以不能讓有藝術才華的人為了生活而去當上班族或公務員，這樣會違反國家利益，同時對於區域社會而言也是莫大損失。歐美基於這樣的想法，開始提供藝術家各種補助措施。相反的，日本的補助制度給人一種「作品做得不錯，好，給你一點零用錢鼓勵一下」的

感覺（平田織佐，2001，林于竝譯，2017：154）；
而我國政府的資助理念兼具上述兩者。

然而，民間演藝團隊與公部門演藝團隊的差異在
於後者是因為政府政策或為達成特定目的而創設；民
間演藝團隊的設立多源於藝術家想持續創作，或是利
用藝術為媒介，與社會進行交流溝通。民間演藝團隊
在申請藝文獎補助計畫前，需具備基礎營運經驗和藝
術成就，才能進而尋求政府資助，提升其營運能量和
精進創作品質，因此藝文獎補助機制對於團隊組織架
構、營運體質檢視和立案年數的規定，有其參考價值
和存在的必要性。

> 團隊有一定的營運基礎後，接受政府的
> 補助款，可以讓團隊有經費在專業領域
> 做提升，同時發展國際化的可能性。此
> 外，團隊的營運，需要大量的資金，臺
> 灣的表演藝術市場有限，演出製作的成
> 本通常無法從票房得到回收，也難以透
> 過增加巡迴演出場次去攤提，所以政府
> 的資助，有其存在的必要性。（演藝團

隊 C1）

長久以來還是要支持，你給它越多，有些團隊真的很認真的，就開創出不一樣的價值，甚至於它可以在演出項目之外，在團隊經營的體質上也會有更好的發展，或未來有機會形成更專業的分工或者是它會有多業態的發展。（演藝團隊 C3）

政府長期對演藝團隊給予經費資助，部分受訪者藉此表達對政府資助深感謝意。

補助款對我們來講非常地重要，前面這十幾年的時間，如果沒有這個補助，我們是不可能撐過來，更不可能去做這些事情；……對我們來講這個補助雖然不算多，起碼讓我們有一個穩定的基礎，沒有太多的憂慮。（演藝團隊 C8）

我們是文化部、國藝會養大的，一直以來就受惠於他們對我們的很多肯定。重

要的是我們現在還在，還有熱情做我們
要做的事情。（演藝團隊 C5）

說起來我們還是很感謝這個扶植計
畫，……我覺得對團隊來說，它是一個目
前必要存在的計畫。（演藝團隊 C9）

　　演藝團隊的獲補助經費雖然有限，但大部分團隊
仍對此表示感激，也有受訪者建議，政府應加碼讓資
源更充裕。

我們要思考，如何在有限的資源下，想
辦法做出最大的效益。政府的補助款，
不怕少只怕沒有，假如有，我們就盡量
做好。（演藝團隊 C2）

政府對於像這樣的補助計畫應該要持
續，而且我認為應該要加碼，至少要加
碼 4 倍以上。……很多時候藝術家的創
意，是來自於經費的支持，他會有更好
的項目出現。現在很多時候，他都要不
斷地去開發項目，而不是說你提供了相

政府與演藝團隊

對應的補助之後，讓他可以好好做一個
藝術性的創作。（演藝團隊 C3）

1980 年代雷根主義與柴契爾主義的發揚，使得
國家對於以公共補助支援文化事務的意願開始降低，
進入市場論述主導文化政策時代。對柴契爾主義者而
言，國家之下只有個人的存在，而個人具有在市場
裡自由選擇文化產品或是活動的意志，不需要國家
過度的介入（Gripsrud, 2000: 205，轉引自王俐容，
2005）。

社會哲學家 Hagg（1979）和政治科學家 Ban-
field（1984），強烈表達不贊成政府使用公共津貼補
助藝術之立場。Hagg 提出三個論點：首先，他認同
藝術的集體效益是公共津貼的理由之一，但缺乏好的
社會政治理由，強迫以納稅人的錢補助政府篩選出來
的藝術並不合理，例如歌劇對於美國的文化發展和意
義價值，遠不如歌劇對義大利或奧地利的民族團結和
歷史文化貢獻。Hagg 認為對分享美國價值和社會凝
聚力發展有貢獻的是運動、搖滾演唱會和電視，而這
些活動，即使沒有政府補助也能發展得很好。Hagg

進一步提出，政府資助歌劇演出，等於是嘉惠中產與較高階級的觀眾，但這些經費是來自所有納稅人；換言之，就是強迫所有階層津貼補助中產階級的藝術偏好；最後，政府資助對真正的藝術創作，其實是弊多於利，因為要辨別藝術創作的好壞是非常困難，政府若一視同仁地分配資源，將會出現把預算浪費在藝術品質和藝術價值不高的創作，反而無法幫助真正有價值的藝術創作和藝術家（郭書瑄、嚴玲娟譯，2008：269）。

Banfield（1984）反對政府資助藝術的部分看法和 Hagg 相似；Banfield 強調完全競爭市場能產生最理想的資源分配，也認同在理論上，外部事務會造成市場失靈的可能性，但卻不願將其視為政府資助藝術的理由，因為他認為經濟學者並未表明外部事務具有足夠的價值。此外，Banfield 並不認為商業市場中提供資訊給有興趣的消費者，他們就會願意出錢購買訊息的說法適合應用於藝術領域。因為大部分的消費者，並不曉得熟悉藝術對他們有益，因而降低取得藝術相關資訊或活動體驗的付費意願。Banfield 反對政府介入藝術，不只是懷疑藝術擁護者提出的特定理

由，而是堅信「美國政體」的原則，就像《獨立宣言》與《憲法》所提出要杜絕這樣的干預。1930年代以降，國會就「擁有不容置喙的權力，來提供任何符合全民福祉的事情」（郭書瑄、嚴玲娟譯，2008：271）。

Pick（1988）指出英格蘭藝術理事會（Arts Council England，簡稱 ACE）以「臂距原則」介於政府與藝術組織或藝術家之間，英格蘭藝術理事會支持的藝術組織或個人，通常被強調獨立於政府與政治派系之外，但實際上卻有許多讓人存疑的地方。Pick 認為「臂距原則」只是一項禮讓性的協約，依賴各政治體系給予自由性的支持；即使藝術家或團隊清楚看到英格蘭藝術理事會本身已經具有高度政治傾向，並廣泛干預藝術創作，但藝術家們並不特別在意。當年英國政府控制藝術市場的方式變得更為直接，英格蘭藝術理事會幾乎全然反映政府的財經與經營意念，政府介入決策或財經控制藝術行政的例子益發增多。藝術市場不再仰賴於自願參與者的支付，反而傾向於政治性的意圖，以便取得預算和基金。當政客更加介入文化或藝術官僚作業時，一般藝術家並不容易發現自己已經被欺蒙與利用。因為有一雙看不見的手在背後

操縱著，藝術變成必須在決策者衡量的利益下進行（1998：85）。

　　孫煒（2016：288）提出非營利組織應該具備自主性、連結性、倡議性三種特性，並在〈政府資助地方族群型非營利組織之影響〉一文中指出，如果非營利組織必須依賴政府的資源挹注方可達成使命，則為了競爭有限的政府資源，可能降低與非營利組織之利害關係人的連結性，更遑論向政府進行有效的倡議。透過客家社團的經驗研究指出，短期而言，政府的資助確實有助於地方族群型非營利組織提供豐富多元且創新的公共服務，但就長期而言，政府資助也降低地方族群型非營利組織的自主性並產生資源依賴，降低了族群回應性以及族群事務的倡議能力，而不利於培養成熟的公民社會（孫煒，2019：144）。

　　彙整多方論述，政府是否應資助演藝團隊，涉及藝術價值和個人藝術品味，需相互尊重，多方考量，而非就單一價值標準來評斷。劉維公（2010：349）指出，文化發展的課題已從「重視生活品質」的概念演變為「落實文化權」的概念。以往，演藝團隊主要被視為提升人民生活品質，現在則被賦予更基底

（fundamental）的意義，為人民爭取基本的人權。這意謂著，文化不能被視為是一個在國家經濟富裕之後才需要去重視的課題，而是一個國家照顧人民責無旁貸的使命。文化不該被窄化為休閒娛樂活動，改善文化生活品質原就是基本人權的環節。政府若要落實文化權，認同藝文對於國家發展有其重要性和外部效益，資助藝文發展和演藝團隊就是必要之舉。

　　資助演藝團隊目前有兩種運作模式，政府出資或民間捐款；目前歐陸國家大多由政府出資，相較於美國設有國家藝術基金會（National Endowment for the Arts，簡稱 NEA），多數的資金是來自民間基金會捐款。不論經費來源為何，兩種運作模式都指向國家和社會發展需要藝術，但演藝團隊難以透過市場機制營運，所以必須創造不同的制度支持其發展。我國現行的藝文獎補助制度傾向於仿照歐陸國家的運作模式，由政府提供演藝團隊相關資助，包括文化部、國藝會、縣市政府文化局（處），透過競爭型藝文獎補助計畫，直接給予經費資助；或間接形式的場館建設、場館軟硬體維修和設備升級、場租減免、營業稅和娛樂稅減免優惠等方式。不論是基於國家榮耀、獎

勵、教育、商業考量，或基於市場失靈之理由和資源分配之權力，政府應對演藝團隊提供相當程度的資助，而施行競爭型藝文獎補助計畫即為落實相關文化政策的手段之一，故政府資助演藝團隊有其正當性和必要性。

文化部近年提倡「文化公民權」、「文化平權」、「文化近用」，增加民眾接觸文化藝術的機會，公部門藉由各種計畫案、專案，擴展對演藝團隊的資助，縮減團隊高成本和低收入的藩籬，提升演藝團隊的藝文公共性，協助平衡藝文生態環境之發展，擴大藝術對整體社會所帶來的外溢效應。

> 文化平權的議題是近幾年推動文化政策當中很重要的一環，對於兒童、青少年、性別、身心障礙、語言、城鄉、數位落差等，希望減少參與藝文的障礙或是增加接觸藝文的機會。……補助政策的重視及引導下，也會有更多團隊願意投入做這件事情的時候，也彰顯我們整體社會的共識和價值。（政府部門 A2）

綜上所述，筆者認同政府資助演藝團隊之正當性與必要性，並將於後續章節，進一步探究獲得公資源挹注的演藝團隊，應如何善用公共資源，發揮藝文公共性與能量，以及對藝文生態環境之影響力。

藝文獎助專案

　　「演藝團隊年度獎助專案」緣起於 1992 年，文建會配合行政院「六年國家建設計畫」，提出培養具本土特色與專業水準之表演藝術團隊，協助其發展國際演出的計畫型補助案。年度獎助專案實施近 30 年，期間因政黨輪替、社會經濟環境變遷、藝文生態環境和產業發展、藝術類別之特色和團隊個別需求，補助機制和計畫名稱歷經多次調整，依序為：「國際性演藝團隊扶植計畫」（1992-1997 年）、「傑出演藝團隊徵選及獎勵計畫」（1998-2000 年）、「演藝團隊發展扶植計畫」（2001-2007 年）、「演藝團隊分級獎助計畫」（2008-2018 年）、「演藝團隊年度獎助專案」（2019 年迄今）。

本章節依計畫機制沿革和獲補助結果（表3-1），將「演藝團隊年度獎助專案」劃分為創設初期、穩定發展期和茁壯蛻變期三個階段；第一階段的「創設初期」，包含「國際性演藝團隊扶植計畫」（1992-1997 年）和「傑出演藝團隊徵選及獎勵計畫」（1998-2000 年），此時期的獎補助計畫由文建會全權主導，補助總金額和獲補助團隊數目呈現快速成長。2001 年首次政黨輪替，年度獎助專案將甄選方式改為由演藝團隊主動提出申請的「演藝團隊發展扶植計畫」（2001-2007 年），期間補助機制雖頻繁微調，但補助總金額和獲補助團隊數目並未隨著機制變化而出現大幅異動，因此將這個時期稱為「穩定發展期」。2008 年再次政黨輪替，2009 年開始實施分級獎助制度，2018 年業務執行單位由文化部改為國藝會，都對年度獎助專案產生影響，因而將 2008-2018年的「演藝團隊分級獎助計畫」和 2019 年迄今的「演藝團隊年度獎助專案」視為「茁壯蛻變期」。

　　「演藝團隊年度獎助專案」的發展，受到文化部會領導者更迭，政府文化政策迥異，使其補助機制和作業要點有所變動。本章將依三個發展階段分為三

表 3-1　1992-2021 年年度獎助專案獲補助團隊數目、金額、經費配置總表

年份	音樂			舞蹈			傳統戲曲			現代戲劇			總額		
	團隊數目	金額(萬元)	比例(%)	團隊數目	金額(萬元)	比例(%)	團隊數目	金額(萬元)	比例(%)	團隊數目	金額(萬元)	比例(%)	團隊數目	金額(萬元)	比例(%)
1992	2	450	22.50%	2	700	35.00%	1	400	20.00%	3	450	22.50%	8	2,000	100%
1993	3	650	21.67%	4	1,200	40.00%	2	700	23.33%	3	450	15.00%	12	3,000	100%
1994	3	400	17.58%	4	700	30.77%	2	350	15.38%	3	825	36.26%	12	2,275	100%
1995	10	1,450	29.68%	10	1,960	40.11%	3	650	13.30%	5	826	16.91%	28	4,886	100%
1996	9	1,620	29.56%	8	2,000	36.50%	3	650	11.86%	8	1,210	22.08%	28	5,480	100%
1997	9	1,320	19.02%	11	2,550	36.74%	8	1,530	22.05%	8	1,540	22.19%	36	6,940	100%
1998	13	1,770	20.39%	12	2,770	31.91%	13	2,020	23.27%	12	2,120	24.42%	50	8,680	100%
1999	18	3,929	23.73%	16	5,529	33.39%	17	3,379	20.41%	14	3,721	22.47%	65	16,558	100%
2001	16	3,008	24.89%	18	3,020	24.99%	21	2,944	24.36%	16	3,112	25.75%	71	12,084	100%
2002	15	2,800	24.35%	17	3,080	26.78%	17	2,800	24.35%	19	2,820	24.52%	68	11,500	100%
2003	16	2,770	24.49%	16	2,870	25.38%	18	2,810	24.85%	19	2,860	25.29%	69	11,310	100%
2004	17	3,015	23.08%	17	4,050	31.00%	17	2,500	19.14%	22	3,500	26.79%	73	13,065	100%
2005	17	2,780	21.38%	17	3,790	29.15%	18	3,000	23.08%	21	3,430	26.38%	73	13,000	100%
2006	18	2,940	22.62%	18	3,660	28.15%	20	3,070	23.62%	21	3,330	25.62%	77	13,000	100%

年份	音樂			舞蹈			傳統戲曲			現代戲劇			總額		
	團隊數目	金額(萬元)	比例(%)	團隊數目	金額(萬元)	比例(%)	團隊數目	金額(萬元)	比例(%)	團隊數目	金額(萬元)	比例(%)	團隊數目	金額(萬元)	比例(%)
2007	16	2,940	22.79%	17	3,660	28.37%	19	3,030	23.49%	19	3,270	25.35%	71	12,900	100%
2008	13	2,300	23.00%	15	2,790	27.90%	17	2,365	23.65%	20	2,545	25.45%	65	10,000	100%
2009	20	5,550	23.88%	23	5,775	24.84%	20	4,850	20.86%	23	7,070	30.42%	86	23,245	100%
2010	27	4,900	23.19%	23	5,300	25.08%	21	4,600	21.77%	25	6,330	29.96%	96	21,130	100%
2011	24	3,950	22.62%	25	4,550	26.05%	20	3,830	21.93%	25	5,135	29.40%	94	17,465	100%
2012	24	4,340	22.73%	26	4,880	25.56%	21	4,370	22.89%	29	5,500	28.81%	100	19,090	100%
2013	23	4,050	22.58%	27	4,130	23.02%	20	4,280	23.86%	28	5,480	30.55%	98	17,940	100%
2014	17	3,400	21.99%	26	3,620	23.42%	18	3,920	25.36%	24	4,520	29.24%	85	15,460	100%
2015	18	3,500	22.44%	24	3,550	22.76%	20	3,900	25.00%	26	4,650	29.81%	88	15,600	100%
2016	16	3,400	22.25%	22	3,430	22.45%	19	3,850	25.20%	24	4,600	30.10%	81	15,280	100%
2017	16	3,280	22.67%	21	3,220	22.25%	18	3,610	24.95%	25	4,360	30.13%	80	14,470	100%
2018	16	3,350	22.33%	21	3,420	22.80%	19	3,730	24.87%	26	4,500	30.00%	82	15,000	100%
2019	18	3,380	23.31%	22	3,460	23.86%	17	3,000	20.69%	29	4,660	32.14%	86	14,500	100%
2020	18	3,480	23.20%	23	3,590	23.93%	18	3,070	20.47%	29	4,860	32.40%	88	15,000	100%
2021	16	3,480	23.20%	23	3,590	23.93%	18	3,070	20.47%	29	4,860	32.40%	86	15,000	100%

資料來源：國藝會，表格：本研究整理。

節，每節分別從補助機制和經費配置兩個面向，逐一討論各階段的沿革進展。另外，文化部於 2013 年創設「臺灣品牌團隊計畫」，希望讓「演藝團隊年度獎助專案」中的資深大型團隊有更充裕的資源，因此本章第四節將探討「臺灣品牌團隊計畫」的補助機制和經費配置。第五節「傳承創新」，將歸納統整「演藝團隊年度獎助專案」和「臺灣品牌團隊計畫」兩個藝文獎補助計畫的利害關係人，對於補助機制、資源配置的看法，以及對於業務執行單位和計畫未來發展的期望。

創設初期

～

一、計畫緣起

1970 年代被譽為亞洲四小龍之一的臺灣，經濟逐年成長，許多重大工程建設計畫如十大建設，如火如荼地進行；期間雖受到兩次全球石油危機，出現短暫經濟衰退，但石油危機落幕後，不僅安然度過，也順勢帶動經濟起飛。當時政府全力衝刺發展經濟，對

於非民生必需品的藝文推廣並不熱衷，反而在民間零星出現由私人興辦的演藝團隊。民間演藝團隊藉著自身充沛的藝術創作能量和特色，逐漸於國內外嶄露頭角；在政府尚無設置獨立文化事務單位，公部門亦鮮少設置藝文獎補助計畫的時期，民間演藝團隊為求生存，透過創作、政府資助、民間或個人贊助，自籌財源以茁壯成長。

1981 年行政院成立文建會，為統籌規劃國家文化建設施政的最高機關。文建會成立的隔年，首度開辦全國文藝季，提供民眾欣賞藝文展演的機會，帶動國內藝文風氣，民間演藝團隊如雨後春筍般成立。1987 年，國家兩廳院——首座專業級藝術中心落成啟用，編織大眾對藝文發展的憧憬，也讓政府開始鼓勵民間演藝團隊從事創作與嘗試創新。當團隊有作品發表或演出時，可以活動企劃書向文建會申請經費補助，團隊資金來源增加，營運經濟負擔減輕，藝術工作者更能專注於藝術創作品質；雖文建會對演藝團隊的經費補助如杯水車薪，但伴隨而來的藝術成就肯認和品牌聲望提升等附加價值，才是團隊所重視的。

1992 年 7 月，《文化藝術獎助條例》公布，指

派行政院文建會爲文化藝術事業獎勵、補助之主管機關。文建會配合國家建設六年計畫，提出由「向下扎根」和「走向國際」推動臺灣文化發展，透過文化軟實力尋求國際連結；隨之，設置「國際性演藝團隊扶植計畫」，扶植國內具藝術水準之演藝團隊，得以持續穩定的專業經營，培訓專業藝術展演、創作、行政人才，提升專業藝術創作，營造有利於國內表演藝術發展環境，爲達此目標，政府將給予經費資助，協助團隊參與重要國際表演活動。

二、國際性演藝團隊扶植計畫（1992-1997 年）

（一）補助機制

「國際性演藝團隊扶植計畫」於 1992 年 7 月起，一年一期，連續辦理 6 年，本研究依補助結果，將這 6 年的期程分爲 1992-1994 年和 1995-1997 年兩個階段。計畫的主要目的爲扶植國內優秀演藝團隊，使之兼具本地特色與國際專業水準，同時均衡發展各藝術類型；將演藝團隊依藝術型態，劃分爲音樂、舞蹈、傳統戲曲和現代戲劇四個類別；遴選方式先由專家學者依四個類別，推薦表現傑出且深具潛力的團隊，接

著文建會遴聘 5 至 7 位學者專家組成評審小組進行審議，並由文建會主委擔任評審小組召集人，從推薦名單中依團隊規模、培訓計畫及相關事項，決定欲提供的資助金額。

政府資助經費無專款專用限制，但建議以充實團隊陣容、訓練經費、行政營運與國際化發展為目標；再者，演藝團隊須符合固定辦公室與排練場地、專職團員與行政人員、專業藝術指導和長期可行之培訓及演出計畫等規定。此外，文建會為考核獲補助團隊之績效，於每半年遴聘專家學者組成評鑑小組，就團隊行政作業、財務狀況、排練情形、演出計畫等加以評鑑。團隊的獲補助期程為 3 年，這期間每半年需提送一次成果報告書，作為日後是否繼續資助之參考；3 年期間，若經評鑑發現績效不彰者，將立即停止給予資助。

1995 年文建會為接納更多演藝團隊，擴大扶植計畫效益，將甄選方式進行微調，把原由專家學者推薦團隊的方式，改為文建會內部選出合適團隊，主動邀請團隊提企劃案，從中篩選適當團隊給予資助。此時正逢文建會提倡「社區總體營造」，社區性演藝團

隊與日俱增，理所當然成爲計畫潛在獲補助團隊；同時，文建會也將扶植計畫基點，轉爲強調健全團隊經營體質，日益降低團隊國際發展之重要性。演藝團隊經營體質健全與否，爲團隊永續經營的關鍵，其中會計財務制度是否健全、固定排練場所、專職人員（核心藝術成員和行政、技術人員）、展演活動安排，乃至觀衆經營皆密切相關，但最重要的還是回歸到團隊創作的藝術品質，少了藝術品質，團隊存在的目的即不再，永續經營的可能性也較低（林谷芳，2000：11）。

（二）經費配置

計畫實施第一年，共有 8 個團隊獲選，補助總金額爲 2,000 萬元，其中音樂類和舞蹈類皆各有 2 個團隊獲選，傳統戲曲類 1 個、現代戲劇類 3 個；團隊獲補助金額以舞蹈類的 700 萬元最高，占補助總金額的 35%，另外分別爲音樂類和現代戲劇類各獲得 450 萬元，占比 22.5%；傳統戲曲類有 400 萬元，占 20%；整體而言，第一年在四個類別的獲補助團隊數目和補助金額配置尚屬勻稱。隔年，獲補助團隊增加爲 12 個團隊，現代戲劇類維持 3 團不變，其餘 3 個類別皆

有增加團隊，補助總金額成長 1.5 倍，到達 3,000 萬元。計畫執行至第三年，前年度獲補助的 12 個團隊全數賡續無新進團隊，但各類的補助金額略有變動；原則上每個團隊的獲補助金額皆較前年削減，其中傳統戲曲類的 2 個團隊，獲補助金額只剩前年度的二分之一；唯獨現代戲劇類的中華漢聲劇團，由前年度的 150 萬元飆升至 650 萬元，增加 3.3 倍的補助金額；中華漢聲劇團自 1994 年獲得高額補助經費後就未曾再提出申請 [1]。

1995-1997 年的第二期計畫，文建會希望從善如流，用更大的可能來接納更多團隊，加上「社區總體營造」政策，各地廣設社區性演藝團隊，申請團隊增加，也間接使獲補助團隊數目大幅增長 1.3 倍；由前年（1994）的 12 個團隊躍升為 28 個團隊，其中以音樂類和舞蹈類成長最為迅速；補助總金額由 2,275 萬元，倍數遞增至 4,886 萬元。往後 2 年，獲補助團隊數目和補助總金額逐年提升，截至 1997 年獲補助團隊數目累積至 36 個團隊，補助總金額更高達 6,940

1　1994 年崔小萍導演的《駱駝祥子》，為該團目前可搜尋到的最後一次演出紀錄。

萬元；與計畫剛創辦時（1992 年）相比，團隊數目成長 4.5 倍，補助總金額增加近 2.5 倍（表 3-1）。

　　獲補助團隊數目和補助總金額的增加，適時反映 1990 年代社會經濟發達，帶動新創演藝團隊的興盛和藝文生態環境的繁榮。但若從長期發展和永續經營兩個面向檢視 1995-1997 年間的新進團隊，將發現各個類別皆出現不少曇花一現的團隊，尤以音樂類和舞蹈類特別顯著；部分獲補助團隊在接受 1 年的經費資助後，即從計畫獲補助名單上永遠消失；少數新進團隊，雖非稍縱即逝，但也難以維持超過 5 年的續航力。劇評人紀慧玲（2018）曾對此現象表示：「一個機制產生之後，大家都想雨露均霑，是否具備充足國際市場能力已經不是第一要素。」

　　由 1992-1997 年獲補助團隊名單的異動，推測出下述三種可能性：1. 獲補助金額不足以支持和誘發團隊永續經營的動力；2. 有遠見的團隊經營者，以補助款為根基，奠定日後發展的磐石；3. 藝術屬性不同，各類別團隊的發展和營運模式有所差異。這期間雖有不少團隊只獲得一次性補助，但如財團法人臺北愛樂文教基金會和舞蹈空間舞蹈團等新進團隊，自 1995

年被選為獲補助團隊，27 年來持續開枝散葉；其他如亦宛然掌中劇團、榮興客家採茶劇團、優表演藝術劇團（今優人神鼓），至今仍舊活躍於各表演藝術領域，並成為該領域的指標性代表團隊。

計畫實施 6 年來，各類別的獲補助團隊數目逐年遞增，但獲補助金額卻互有消長，由統計資料（表3-1）得知舞蹈類的獲補助金額占比，在 1993 年和1995 年高達補助總金額的 40%；相形之下，傳統戲曲類的獲補助金額在 1996 年降至低點，僅占補助總金額的 12%。計畫剛創立時，各類別的經費配置尚屬均勻，爾後各類別的差距逐年加大，特別是 1995年和 1996 年，舞蹈類和傳統戲曲類的獲補助金額比例相差 3 倍之多。縱使各藝術類別所需的製作成本不盡相同，獲補助團隊數目多寡和個別團隊獲補助金額，也都直接牽動著各類別的補助總金額，然而現階段的執行結果，也間接反映各藝術領域和演藝團隊發展之差異與特質。

（三）小結

短短 6 年間，年度獎助專案在四個類別的獲補助金額，開始出現顯著差距，是什麼原因導致這個現

象？是藝術類別屬性、演藝團隊特質、製作成本？還是刻板印象？或是演藝團隊一定要發展國際性演出？對此，前文建會主委陳其南先生（1998）曾說：「一個團隊的國際性可有不同的解釋。最通常的解釋是認為像一些現代的樂團、劇團、舞團的演出水準已經達到『國際的水準』，這只要拿外國公認的著名團隊來做比較即可。如果根據這個標準，那本土的音樂、戲曲、舞蹈團隊可能永遠也沒有『國際性』，因為沒有其他國家可以比較。如此一來，本土的團隊可能就被排除在計畫之外了。」

引用陳前主委的論述，解釋傳統戲曲類的獲補助團隊數目和補助總金額明顯少於其他類別，是否會被認同呢？筆者透過資料爬梳，歸納出這期間傳統戲曲類獲補助團隊數目減少的原因包括：團隊演出藝術水準不符合補助標準、涉及有礙善良風俗的演出、團隊未提出申請、對扶植制度不滿進而放棄補助款等（林谷芳，2000：135）；說明傳統戲曲類獲補助團隊數目減少與團隊是否朝國際化發展並無太大關聯。對此，受訪者提出傳統戲曲朝國際化發展，將受限於美學和語言的問題。回顧文建會當初希望朝「向下扎根」和「走向國際」兩個面向發展，然而本土化與國

際化兩者間的權衡輕重要如何拿捏，將考驗著主事者的智慧。

> 扶植案最初是國際演藝團隊，後來發現戲曲怎麼國際化，再怎麼國際，人家也是當你是種色彩性的呈現而已，這不只是美學的問題，還有語言的問題，所以沒有辦法在「本土化」或「國際化」得兼。……回歸藝術的本質才是關鍵所在。假如這個團體恰好是國際性，就設法讓它國際化，是本土性的，就設法讓它生根。（評審委員 B1）

> 要看當下國際情勢而言，當受限於政治因素走不出去的時候，用表演藝術從事外交是最容易的，這是第一個。第二個就是說，去國際表演其實是沒有那麼簡單，非常難。也因為當時整個歐美的經濟能力大於我們，他覺得邀請你去演出是很好的交流，他的市場及經費都夠用。（評審委員 B3）

三、傑出演藝團隊徵選及獎勵計畫（1998-2000 年）

（一）補助機制

「國際性演藝團隊扶植計畫」實施期間陸續出現些許異音，但文建會希望以同樣的精神與運作模式，延續對演藝團隊的資助，於 1998 年提出「傑出演藝團隊徵選及獎勵計畫」，目標為檢視、改進國內演藝團隊經營體質和輔助創新作品研究發展。機制調整，主要考量各類別演藝團隊發展型態的差異性，加上原先國際性演藝團隊的扶植目標並不適用於所有演藝團隊，故改將具有國際演出經驗和足以向國際推展的團隊，視為優先獎勵對象。另一方面，計畫名稱由「扶植計畫」改為「獎勵計畫」，兩者本質上同為補助政策，但扶植隱含著團隊位居弱勢，需要被幫助；改以獎勵稱之，賦予正向積極的鼓勵。

無論是獎勵或扶植，要邁向國際舞臺或是在地深耕，其實對演藝團隊和藝術家而言，被瞭解尊重，遠勝於獲得獎勵、投資或補助。對此，前文建會主委陳其南先生（1998）曾公開談論：「政府應該考慮的是如何透過補助計畫，讓未達水準、未傑出的團隊

力爭上游，體質不健全的團隊更加強化，而不只是根據已有的成就給予獎勵而已。獎勵歸獎勵，扶植歸扶植。……如果真正要扶植一個團隊，那麼就得根據它的體質，直接就特定項目給予協助。……補助作為一種文化政策，『獎勵』或『補助』不是單純的給錢而已，它應該多少有指向性，也應該有一種較精緻的程式設計。」

「傑出演藝團隊徵選及獎勵計畫」的甄選方式維持文建會遴聘專家學者組成評審小組，採三階段審查程序；原本的 3 年扶植期限改為 1 年獎勵期限。獲獎勵團隊的評鑑方式，從外部評鑑改為團隊依規定辦理年度自評，爾後將結果送交文建會存參，但文建會保有對團隊行政作業、財務狀況、培訓及演出情形等考核的權限；新作業辦法，使獲獎勵團隊擁有更多彈性自主空間。此外，配合政府在 1999 年 7 月 1 日起，將會計年度更改為曆年制，1999 年「傑出演藝團隊徵選及獎勵計畫」執行期程，也由 2000 年 6 月 30 日延長到 2000 年 12 月 31 日截止，共計 19 個月。

（二）經費配置

1998 年總獎勵金額為 8,680 萬元，相較於前年

的 6,940 萬元，增加了 1,740 萬元，成長約 20 個百分點；1999 年計畫延長為 19 個月，獎勵總金額激增為 1 億 6,558 萬元，依比例試算 12 個月的獎勵金額，大約有 1 億 458 萬元，仍較前年（1998）增加 1,778 萬元，多了 12 個百分點。計畫總經費逐年遞增，獲獎勵團隊數目也是同步累進，由前年度的 36 團增加到 50 團，隔年持續擴充至 65 團。參照表 3-1 得知 1998-2000 年間，各類別皆有不少新進團隊，新進團隊約占獲獎助團隊總數的 25%～50% 不等，其中以傳統戲曲類分別有 5 個和 7 個新進團隊，高達二分之一比例的新血加入最為矚目，新興團隊的能量，再次反映出藝文生態環境的熱絡與產業的發達。

從圖 3-1，可觀察 1992-2000 年間，四個類別獲補助金額占總金額的比例趨勢變化。1992-1997 年「國際性演藝團隊扶植計畫」期間，各類團隊獲補助金額的比例差距較大；至 1998 年實施「傑出演藝團隊徵選及獎勵計畫」起，各類別的比例差距就逐漸縮小，但仍以舞蹈類約 35% 占比最高，其餘三類各約介於 20%～24% 之間。

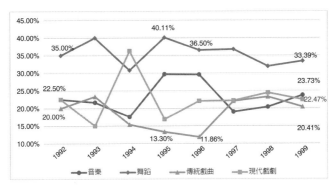

圖 3-1　1992-2000 年各類獲補助金額占總金額比例趨勢圖

資料來源：國藝會，圖：本研究繪製。

本計畫配合政府於 1999 年 7 月 1 日起，將會計年度更改爲歷年
制，因此 1999 年的計畫執行期程延長至 2000 年 12 月 31 日，
共計 19 個月。故圖 3-1 的標題爲 1992-2000 年，但圖中橫軸只
到 1999 年。

（三）小結

　　「演藝團隊年度獎助專案」是政府挹注給演藝
團隊的重要資源，同時也代表著團隊的藝術成就與榮
耀。計畫的最初目標，主要是針對具聲望的演藝團
隊，每年給予約 2、300 萬元的較高額補助經費，協
助其行政營運、朝向國際化和永續發展。這筆經費對
大多數團隊來說，是筆相當優厚的收入，但對雲門舞
集等具規模、活動能量強的團隊，可能只占年度營運
總經費的一小部分。根據文建會於 1998 年統計當年
獲選的傑出演藝團隊之各類別團隊經費來源的平均

值，政府補助經費占 40.3%，業務收入 43.12%，民間捐贈 9.61%，其他 6.97%；得知政府資助對所有演藝團隊營運的重要性，即使是具聲望、表現傑出的演藝團隊，亦需仰賴政府的高額經費資助，方得以持續經營。1990 年代，我國演藝團隊和藝文生態環境皆處於起飛階段，對於政府補助高度依賴，無可非議；但資源依賴的情形，是否在團隊穩健發展後，有所改善呢？

穩定發展期

「演藝團隊年度獎助專案」在創設初期的兩個階段，補助機制僅做微幅調整，特別是體認到並非所有團隊皆有發展國際演出的量能和企圖心，在 1995 年將各類別的藝術特質和個別團隊之適性發展納入遴選團隊考量；各類別的獲補助團隊數目和補助總金額逐年增加，並於 1999 年達到「演藝團隊年度獎助專案」創設初期之高峰。

2001 年首次政黨輪替，新政府相繼修改徵選機

制和作業要點，演藝團隊的角色由早期的資源被動接收者，轉為主動爭取者，同儕競爭下，出現適者生存不適者淘汰的現象。2001-2007 年間，每年獲補助團隊總數與補助總金額並無太大變化，相較於計畫創設初期，獲補助團隊數目和補助總金額逐年倍增的現象，已較為趨緩，因而將 2001-2007 年的階段，稱為「穩定發展期」。

演藝團隊發展扶植計畫（2001-2007 年）

（一）補助機制

2001 年首次政黨輪替，新政府評估當前演藝團隊現況，考量藝文生態環境和產業發展的未來願景，希望能將原有的計畫案更趨完善，同時與國藝會所辦理的展演活動補助案有所區隔，進而廣向各領域專家學者和演藝團隊徵詢建議，彙整各方意見後，公告新補助計畫辦法，並將計畫名稱再次更改為「演藝團隊發展扶植計畫」，為期 4 年，維持音樂、舞蹈、傳統戲曲、現代戲劇四個類別。

新作業要點採「種子培訓」精神，補助已具有基礎的演藝團隊之行政營運為主；此外，甄選機制改

由演藝團隊主動申請，是這次作業要點變更中最重要的環節。過去 10 年，計畫的甄選方式都是由文建會內部遴選，現今更改爲演藝團隊主動提出申請，並於補助辦法中清楚條列團隊申請資格[2]，明確規範團隊成立時間、排練場所、年度演出場次、營運及創作展演計畫、組織章程、財務收支制度等經營規模和表演水準要求。再則，新的申請辦法，依補助款金額、專職人員人數、年度展演製作數量、年度演出總場次等項目，細分爲四個級別，由團隊自行評估發展狀況與未來規劃，於申請時自行勾選欲申請級別。辦法中也聲明，分級別補助並非對團隊藝術水準或藝術地位之絕對評價，主要是考慮不同的團隊發展類型有不同的營運需求，可申請不同的補助金額；此外，爲鼓勵團隊長遠規劃，新設 2 年的補助級別。文建會期冀透過新制度，設置嚴格評審機制，選出在藝術水準和行政管理等面向，皆達到專業標準或極具潛力之演藝團隊，

2　(1) 向中華民國政府正式立案滿 3 年之演藝團隊。(2) 具備固定辦公場所與排練場地。(3) 聘有專職團員與行政人員者。（各補助所需之基本專職人數各有不同之規定）(4) 每年至少有六場以上之公開演出。(5) 詳實且具體可行之團隊年度營運及創作展演、藝術推廣計畫。(6) 具備明確之組織章程者。(7) 財務收支制度健全，且經會計師簽證。

給予較爲相稱的經費資助；另外，新作業要點也一併清楚條列獲補助團隊的評鑑方式。

2003 年「演藝團隊發展扶植計畫」再次更動，增列國際演出經費補助。隔年（2004），在原有的四個補助級別外，增加第五級別爲「國際演藝團隊扶植」，明確規定欲申請國際演藝團隊扶植級別的團隊，必須曾經參與國際演出，同時須檢具近 3 年國際演出狀況簡介與國際媒體報導評論，設定國際演出規格以及該製作演出必須是售票性演出，但第五級別的「國際演藝團隊扶植」，實施 1 年就取消。

2005 年爲使補助機制更加透明化，於公布獲補助結果時一併公布評審名單，此舉被視爲計畫的重大突破。當時陳其南先生新任文建會主委，提出未來將把「演藝團隊發展扶植計畫」委託國藝會執行，並承諾計畫經費將由原本的 1.3 億增加爲 1.5 億元，以照顧更多演藝團隊，嘉惠更多藝文工作者。陳前主委曾任國藝會董事長，認爲國藝會對於藝文獎補助業務和審查制度已上軌道並得到外界認同，將年度獎助專案委託國藝會執行，可表達對國藝會專業角色的肯定。但爲了有別於國藝會的經常性補助業務，附帶要求國

藝會必須另設計畫專案小組，執行該案。

年度獎助專案的業務執行單位並未如期於 2006 年移轉，當時民間輿論指出，要文建會放棄既有權力並不容易，因為一旦將補助業務全部交由國藝會執行，文建會將難以藉由政治操作對文化藝術產生影響；因而希望政府加強監督作業，更徹底改革藝文獎補助的上游機制，使它真正符合公平與公開的原則（劉新圓，2006）。年度獎助專案業務單位移轉事宜，一直延宕到 2018 年，才正式從文化部改由國藝會辦理。

2001 年補助新機制的最大轉變就是徵選方式讓演藝團隊由資源的被動接受者轉為主動爭取者，各類別團隊皆躍躍欲試；文建會為加強團隊自主性，新的補助機制提供多種方案，賦予演藝團隊可依發展特色自行選擇欲申請類別。例如原隸屬於音樂類的「漢唐樂府南管古樂團」，實施新制後分別於 2001、2002 和 2006 年獲得舞蹈類補助，自在穿梭於音樂類與舞蹈類；回顧該團歷年作品，創作特色為結合傳統南管樂曲與梨園舞蹈，開拓出新古典風格的南管梨園樂舞；由於作品的創意與獨特性，團隊視其年度創作方

向，選取適合的申請類別，爲少數游走於不同類別的團隊，同時順應新制度欲提高團隊自主性的用意。

　　無獨有偶，強調讓傳統與現代在劇場裡接軌的「當代傳奇劇場」，從計畫第一年即成爲傳統戲曲類的獲補助團隊，1998 年獲邀至法國亞維儂藝術節演出，是極少數獲邀於該藝術節演出的臺灣演藝團隊；之後隨即宣布暫時休團[3]。2001 年當代傳奇劇場選擇從現代戲劇類再出發，深獲評審青睞，於 2001-2004 年連續獲選，並在 2004 年獲得國際級別 300 萬元的補助，於歐洲多國巡迴演出；隔年（2005）當代傳奇重回傳統戲曲類，開始致力於融合傳統戲曲、音樂劇、歌劇、舞蹈的跨域創作，至今仍然是傳統戲曲類的獲補助團隊。

　　新制度讓團隊依自身發展類型和未來目標，自行評估合適的申請方案，不論是漢唐樂府南管古樂團或當代傳奇劇場，都印證新制度的彈性，讓團隊願意大膽嘗試，開創表演形式的新領域。

3　當代傳奇劇場因對補助制度有不同見解，1999 年在獲選爲補助團隊後，宣布放棄並暫時休團。

（二）經費配置

2001-2007 年間，獲補助團隊總數約有 68～77
個團隊，各類別獲補助團隊數約介於 15～22 個團
隊，四個類別的獲補助團隊數目逐漸趨於穩定；雖每
年獲補助團隊總數異動不大，但每年新進團隊的比例
卻逐漸下滑，間接說明想要成為獲補助團隊之困難度
與日俱增。2001 年各類別的新進團隊數目約占該類
別獲補助團隊總數的 25%，隔年（2002）音樂類和
現代戲劇類有 4 個新進團隊，但舞蹈類僅有 2 個新進
團隊；隨後，音樂、舞蹈和現代戲劇等類別，皆各自
在不同年度，出現無新進團隊的情形。零星出現的新
進團隊，與坊間逐年增加的新設演藝團隊數目，呈現
明顯反差。

想成為獲補助團隊的難度提高，但獲補助團隊
總數和補助總金額，在 2001-2007 年間並無太大波
動，約介於 1 億 1,310 萬元到 1 億 3,065 萬元間，前
文建會主委陳其南先生承諾於 2005 年計畫補助總金
額將提高到 1.5 億元的支票並未兌現。整體觀察，
這 6 年不論在獲補助團隊總數或補助總金額，對比
計畫創設初期的快速成長，轉為穩定發展。四個類

別的補助金額比例，呈現越來越趨近的平均分配現象
（圖 3-2）。2004 年補助機制由原本的四個級別增設
了「國際級」，補助總金額也較前年度增加 1,755 萬
元；但四個類別中，具有多次國際巡演經驗與國際聲
望的當代傳奇劇場，自 2001 年起即轉為申請現代戲
劇類，因此加劇了 2004 年傳統戲曲類與其他三類在
補助金額配置的懸殊。

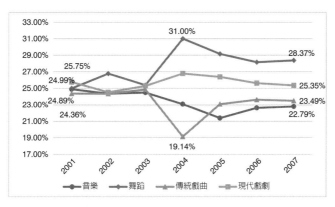

圖 3-2　2001-2007 年各類獲補助金額占總金額比例趨勢圖
資料來源：國藝會，圖：本研究繪製。

　　對於四個類別經費配置逐步趨近，受訪者表示
計畫仍須多方考量四個類別的差異性，現行採同一標
準，適用於四個類別並不理想。

四個類型，它所需要的製作成本，還有就是場地的需求，那個差異性還蠻大的。……只能同類型做比較。現在其實就是四個類別，一個制度，所以就是一個很難解的題。（評審委員 B2）

四個類別的經費越來越趨近，這事情是不合理的。但是我們的政府單位沒有勇氣去面對它，只用了一個最簡單的方法，去做一個切割成四個類別的齊頭式平等，所以我自己的主張，……我們現在需要的不再是同一套補助方法。（評審委員 B5）

（三）小結

「演藝團隊年度獎助專案」自 1992 年設置到 2007 年，不知不覺執行了 15 年，過程中歷經政黨輪替、作業辦法修訂以及名稱更動，但政府資助演藝團隊，協助團隊行政營運的初心始終沒變。15 年來，音樂類有 38 個團隊、舞蹈類有 33 個團隊、傳統戲曲類有 39 個團隊、現代戲劇類有 36 個團隊，總計 146

個團隊獲得年度獎助專案的資助；其中有 4 個長青團隊從年度獎助專案第一年即獲選，分別為舞蹈類的財團法人雲門舞集文教基金會，15 年間共獲得 1 億 3,601 萬元經費資助，位居冠軍；接著依序為音樂類財團法人擊樂文教基金會 4,964 萬元，現代戲劇類優表演藝術劇團 4,345 萬元，以及音樂類臺北愛樂室內及管弦樂團 4,279 萬元；傳統戲曲類無 15 年連續獲補的資深團隊，是因為計畫第一年獲選的當代傳奇劇場，於 2001 年新制度實施後，曾短暫改為申請現代戲劇類別所致。

資料顯示，音樂類有 2 個 15 年的獲補團隊，加總 2 個團隊的政府資助經費，仍不及舞蹈類的雲門舞集；此外，音樂類團隊 15 年間僅獲補一次的團隊共有 10 個，為四類團隊中流動率最高的類別，舞蹈類在這期間，雖獲補助團隊總數最少，但獲補助總金額則是四類最高。

競爭型藝文獎補助案的獲補助團隊名單，變動幅度逐年趨緩，越來越少新進團隊，是否可能會出現資源分配的扭曲及浪費，例如形成強者越強，弱者越弱的現象？年度獎助專案在作業要點中條列補助範圍，

但從未嚴格限制政府資助經費需專款專用，團隊是否能妥善運用該經費？企劃書為審查的一部分，是否會演變為企劃書撰寫的作文比賽？是否會出現請託關說或通通有獎等弊端（陳盈宏，2014）？再者，團隊為確保持續獲得政府資助，是否會逐漸朝向保守、同質性高的方向發展？目前的獲補助團隊名單，是演藝團隊、藝文生態環境和產業發展所樂見的情形嗎？

茁壯蛻變期

一、演藝團隊分級獎助計畫（2008-2018 年）

2008 年前總統馬英九先生，提出未來將以「文化總統」自居，以文化領政，承諾當選後 1 年內會將文建會升格為文化觀光部，4 年內將文化預算從總預算的 1.3% 提高至 4%，展現他對文化的重視。政黨再次輪替，內閣重組，黃碧端女士於 2008 年接任文建會主委，設定組織再造、扶持藝文產業、形塑文創品牌、基層扎根、資源平衡、藝術深耕、國際啓航、活化文化資產厚植和觀光資源等為文建會發展規劃；

同時，也對「演藝團隊年度獎助專案」提出新方向。

　　「演藝團隊年度獎助專案」施行16年來，民間難免出現異議的聲音，為弭平演藝團隊對於歷年補助結果的經費分配不均和獲補助金額差異過大的不滿，前主委黃碧端女士建議政府對演藝團隊的資助，可仿照教育部獎勵大學的「教學卓越計畫」，以團隊在不同層次的需求為出發點，設立「分級制」和「長期且穩定」的補助構想。將「演藝團隊年度獎助專案」改為「卓越、發展和育成」三個等級的分級獎助制度，由申請團隊自行評估要申請的層級，並設定作品累積成果、發揮影響力大小、團隊規模、行政作業純熟度等為未來評鑑指標。再者，為取代過往「今年煩惱明年、今天擔心沒有明天」的年度補助機制，增設長期且穩定「三年一期」的資助方案。文建會的藝文獎補助政策，對藝文生態環境影響巨大，補助機制的新方向，基本上與表演藝術界的期望相符；至於未來如何逐漸增加補助資源，如何公平有效地分配，為表演藝術創造生機而不至於揠苗助長，將需更深入瞭解團隊的差異與環境的變化，謹慎規劃（周美惠，2008）。

　　另一方面，2012年5月文化部成立，首任文化

部長龍應台女士，延續文建會時期對演藝團隊的藝文獎補助政策；2016 年再次政黨輪替，新任文化部長鄭麗君女士，提出研擬組織再造，以提升文化施政科技能量、透過專業中介組織推動藝文發展。2017 年全國文化會議，再次強調將落實中介組織的專業性，同時將一般性、專業性獎補助業務過渡到國藝會辦理。「演藝團隊年度獎助專案」以往採取審查制度和評鑑制度分開作業，也就是申請團隊的審核由文化部辦理（決審會議中有 2 名官方代表），獲補助團隊評鑑作業則是委託給表演藝術聯盟或臺灣美學學會執行；2001-2016 年間，文化學者林谷芳教授連續擔任 16 年計畫評鑑主持人。2017 年文化部委託國藝會辦理計畫評鑑作業，並公布「演藝團隊年度獎助專案」將於隔年（2018）改由國藝會統籌辦理，文化部將捐助 3 億元給國藝會，使其有充裕的經費可運用。

（一）補助機制

2008 年 10 月，文建會發布《行政院文化建設委員會演藝團隊分級獎助計畫作業要點》，為使國內表演藝術得以長期穩定發展，特別依據團隊規模及發展階段之不同，推行分級獎助機制。新作業要點放寬部

分申請資格：首先，將以往演藝團隊需立案滿 3 年方可申請的規定調整為立案滿 2 年即可申請；另外，原團隊自行勾選申請級別時僅能擇一級別申請，現在改由團隊從育成計畫一年期或三年期（每年補助 100 萬元以上為原則）、發展計畫一年期或三年期（每年補助 150 萬元以上為原則）、卓越計畫一年期或三年期（每年補助 500 萬元以上為原則），六個選項中自行勾選第一優先和第二優先，再由評審委員依據評審結果確定其所應列之級別。計畫放寬團隊申請資格，但對檢附資料的要求則相對嚴謹，團隊需撰寫自我提升計畫作為評估補助額度之重要參考依據，並於作業要點中明列可補助事項和補助範圍；同時，團隊也須檢附聘僱專職人員之勞健保支出證明影本，確保團員名冊、進用人員和專職人員薪資的吻合性。

審查制度維持三階段審查程序。首先，初審為書面形式要件審查，接著為複審，包括書面審查和團隊面試兩道流程，是三個程序中最繁重費時的步驟；書面審查先對團隊歷年營運狀況和申請年度營運計畫內容，予以實質審查；若前一年度已經獲選的演藝團隊，其年度評鑑成績將占 60%、複審會議審查占

40%；首次入選的新團隊，則以複審會議審查爲準。經篩選後，將通知合格團隊參加面試，讓團隊藉由10分鐘簡報和5～10分鐘答詢，當面向評審委員闡述團隊營運和創作理念。複審委員於團隊報告後，逐案進行討論並個別給分；最後，複審委員依分數排定之優先順序，討論出該組之補助建議名單，並參考團隊所提之自我提升計畫，擬定建議補助金額。接著將複審建議名單交付決審會議，由決審委員對團隊進行綜合評量並核定最終補助金額。作業要點雖有規定各級別的補助額度，但決審委員得以考量預算額度之限制，與整體文化生態之平衡，適度調整補助金額。

複審和決審會議的評審委員都是由文建會遴選聘派，評審名單得於事前或事後公開。複審會議依補助計畫類別分爲四組，每組各有7位評審委員並推派1人爲複審會議主席，同時爲決審會議之當然委員。決審會議共有9位評委，分別是複審會議各組的4位主席、年度評鑑計畫主持人、學者專家2位和文建會代表2位，採合議制。決審委員會的召集人由文建會主委擔任，或由主委指定其他人代替之；另1位文建會代表爲業務單位主管；換言之，公部門代表直接參與

決選會議，表達對計畫之重視與負責。

> 我們每一年就會有一個審查委員的單
> 子，然後會請以前的主委，現在的部長
> 圈選。那每個部長也有他自己的喜好，
> 會有個人的建議。我們的委員其實都是
> 公開的。（政府部門 A1）

　　隔年（2009），文建會將作業要點微幅修正，再次重申分級獎助，係依據團隊發展類型和營運需求提供不同資助經費額度，並非對團隊藝術水準或藝術地位之絕對評價。文建會於 2012 年升格為文化部，沿用 2009 年的作業辦法，直到 2015 年將原訂 9 人決審會議評審委員修改為 7 人，刪除 2 位專家學者名額，但仍然保留文化部 2 名代表。有官方代表擔任決審會議評審委員，除確保有限的預算經費能被妥善分配外，也肩負著政策說明，以及計畫補助結果與計畫目標相符的責任。受訪者表示複審的分數比例配置，前年度的評鑑計畫占 60%，主要是把團隊歷年計畫執行能力納入考量，避免出現團隊營運規劃和企劃書內容具吸引力與創意，但最後卻無法實踐，而不得不

變更計畫的窘境。此外，每年的評委名單都是由首長勾選，官方代表在決審會議被賦予傳達政策理念和政策目標的角色。

> 今年的執行成績比明年的計畫成績占比高一點，是因為今年做的東西是看得到的，明年有的時候就憑計畫，很容易講得天花亂墜，所以就有一個60%跟40%，中間好幾次面臨評審希望改變，但是因為評鑑主持人的堅持，所以這事情一直都沒有去動。（評審委員B5）

> 文化部辦理補助計畫時，文化部還是要有人代表，……這應該是對這個計畫案的一個責任。我認為評審的任務並不是一種權力，而是一種責任，無論是部內的委員代表或是民間的評審委員都是如此。（政府部門A2）

2017年計畫評鑑業務改由國藝會執行，並未對計畫造成太大影響。作業要點的多次修正，不外乎期

望獎補助機制可日趨完備，建立公平有效的分配方式，善用政府的公共資源，使演藝團隊適性發展茁壯，同時獲得來自政府資助的養分。

（二）經費配置

馬英九政府執政的 8 年（2008-2016），文化預算雖未如選前承諾提高至政府總預算的 4%，但若單就「演藝團隊年度獎助專案」每年補助總經費的變化加以觀察，發現 2009-2016 年是年度獎助專案執行近30 年來，補助總經費的高峰期，特別是 2009 年高達2 億 3,245 萬元為難得一見的高點。

2008 年全球發生金融海嘯，臺灣未能倖免，在經濟上受到極大衝擊，也間接對「演藝團隊年度獎助專案」造成波及，補助總金額較前年度微幅下滑約23 個百分點，至 1 億元，但 2009 年突然遽增至 2 億3,245 萬元，瞬間增加 1.3 倍的補助經費，獲補助團隊總數由前年的 65 個團隊增加到 86 團；原以為這是新政府上任後，送給演藝團隊的大禮，事後透過訪談得知補助總經費的巨幅增加，與政治性因素關聯並不明顯。受訪者表示，當時考量全球金融海嘯可能使

團隊來自企業贊助或商業演出收入減少，因而政府大幅加碼，希望能協助演藝團隊順利度過難關；至今，「演藝團隊年度獎助專案」單一年度的補助總經費，未曾超越 2009 年的頂峰。

> 2008 年金融海嘯應該是政府經費全面調整，那時候好像只有分配到 8、9,000 萬元，最後部長還勉強去湊到 1 億元，所以大家都少。隔年就變成搶救表演團隊，同時放寬標準，讓很多人進來不打緊，當年好像是我印象中最高的，就有 5、6,000 萬元（單一個類別）。（評審委員 B3）

> 當時，我們就去跟文建會主委報告，如果 2009 年經費不大幅增加的話，團隊大概會倒一半吧。……那時候主委就接受這個說法，因為她自己在兩廳院服務過，比較清楚這件事情，她就爭取加碼。（評審委員 B5）

那時候好像有選舉，然後要買通藝文界，有類似這種感覺。（演藝團隊 C5）

　　如前述，2009 年補助總經費的增加，主要受全球金融海嘯和主事者的影響，政黨輪替的政治性因素並不明顯；進一步觀察 2008-2018 年間的補助總金額變化，發現 2012 年，獲補助團隊數目和補助總金額皆較前年增加，看似受選舉年政治景氣循環影響，補助經費和受益單位都明顯提升；但若繼續觀察 2016 年的補助結果，不論是獲補助團隊數目或補助總金額，皆較 2015 年下降，並未如 2012 年，因選舉年和政黨輪替而增長，進而推測「演藝團隊年度獎助專案」，受政治景氣循環和政治性因素介入的影響並不顯著。2012 年獲補助團隊數目和補助總金額的增加，可能與當年 5 月 20 日文建會升格為文化部，文化預算增加，因而編列較多經費資助演藝團隊的營運與發展有關。

　　2009 年開始實施分級獎助制度，演藝團隊依新制度，自行選擇欲申請的級別，增強團隊適性發展的動力。綜觀 2009-2018 年的獲補助結果，不同類別的

演藝團隊對團隊規模、營運模式和未來規劃的差別，
日趨明顯。有些團隊隨著分級制的規則，由育成級慢
慢前進到發展級，團隊規模從小型團隊成為中型團
隊；許多團隊也因此由藝術創作型團隊，逐漸擴展出
教育推廣型和平臺型功能；況且各級別的補助經費皆
設有參考金額級距，但團隊獲補助級別，主要還是以
團隊自行提出的申請級別和年度經費編列為審核依
據。例如申請育成級一年期的團隊，審核補助金額為
200萬元；另一個申請發展級一年期的團隊，可能有
150萬元的補助金額，說明團隊申請級別和補助金額
並無絕對關係，也就是發展級的補助經費並不一定多
於育成級，最終還是取決於團隊年度計畫經費編列的
合理性。

> 補助金額的多寡對我們影響會比較大。
> （演藝團隊C4）

> 我去年申請了發展級，那今年好像就不
> 能回來育成級。團隊有可能因為規模或
> 製作的調整，想要回到比較輕鬆的一個
> 級別，但是分級制就會有固定的規則。
> （演藝團隊C9）

2009 年實施的分級獎助制度包含育成級、發展級和卓越級三個級別，針對演藝團隊年度營運總經費和展演場次分別有不同的規定。2001 年時就曾採分級方式，對年度營運總經費、展演場次和展演地點加以規範，唯當時是以數字第一級、第二級做區分。2009 年的新分級制度改以文字區分，但部分團隊認為文字有指向性，有貼標籤的影射並不理想。

> 分級牽涉補助金額的差別和補助金額下限的問題，各有利弊，但有分級，實務上就比較好操作，我自己在此沒有強烈的好惡。不過對於級別的名稱，我曾建議要改。……我常講可否改以規模大小，例如全年的營運金額直接分級，而不要冠以價值性的稱呼。……有個詞語就有它的意涵。目前的分級名稱，會指向大團才是好的迷思。（評審委員 B1）

採行分級獎助制度，主要是希望演藝團隊可以適性發展，與規模和類型相似的團隊一起評比，另外也有行政作業便利性的考量。

就是大家在一個缸子裡，舞蹈類有雲門，它永遠就是拿了很多的補助款之後，剩下的團隊該怎麼辦呢？……怎麼樣讓這些大團，在大團的範圍裡頭審。那小的，就大家小的一起審。這樣的費用就不會有這麼大的差距，起碼你不會覺得有分食，讓自己很不開心的感覺，就有了分級。（政府部門 A1）

依照我自己的觀察，分級有時候是可以讓審查的行政作業上相對更為容易。比如說，把卓越級團隊跟新進的育成級團隊放在一起時，真的很難評比，……但如果在同一個級別，補助團隊應該是 80 萬、90 萬、還是 100 萬，有那個參照值就相對容易。但是呢，那分級久了以後，每個團的定位不同，也會產生問題。……也有團隊可能在同一級待了 10 年，因為它的目標就不是有朝一日變成卓越級。……漸漸的，大家越來越有共識，開始覺得要把這些級別限制拿掉，

不需要去規定團隊的營運值是多少，而
是回到團隊經營方向。（政府部門 A2）

分級獎助制度，在業務執行單位改為國藝會的第
二年（2019）就將其取消。一則為消弭原分級稱謂
之文字意涵，二來鼓勵演藝團隊適性發展，最重要的
是改以客觀參照、不帶價值判斷的方式予以規範。

以團隊的營運規模為依據，分級界定清
楚，也方便團隊對於分級的營運規模與
補助金額範圍，有初步的概念。……考量
到分為「育成、發展、卓越」三級，在文
字的意涵上，容易有價值判斷，營運規
模的大小並不能代表團隊的卓越與否。
團隊可以自由選擇營運規模，是要維持
中、小規模，抑或團隊在營運上逐步的
從小變中、變大。調整後的年度獎助專
案，希望能展現更多元的價值觀，而對
於團隊關心的補助金額範圍，則透過辦
法、機制當中的一些客觀的參照，例如：
補助金額不超過團隊營運規模的三分之

一，不透過帶有價值判斷的分級方式去
規範。（政府部門 A3）

（三）小結

2009 年起的新制度，以團隊提供的企劃書和口
頭報告作為審核參考標準，主要就是希望藉此提升團
隊自主性，盡情發揮其創意，享有藝術創作自由，政
府從旁提供經費資助，扮演陪伴支持的角色。觀察實
施新制度後的補助結果，更清楚發現四個類別的演藝
團隊，各自有不同的發展模式，如音樂類團隊多傾向
一年期的短期補助，現代戲劇類團隊則有較多的三年
計畫和卓越級申請，團隊類別間的差異性更趨明顯。

聯合晚報社論（2012）曾有讀者投書，批評文
建會的藝文獎補助計畫，缺乏明確目的與方向。以專
家評審組成的委員會當擋箭牌，每年行禮如儀就申請
案分配花錢，至於「為什麼這樣花，而不那樣花」，
沒有合理解釋。如此分配預算希望達成什麼作用，具
體又得到了什麼效果，也都沒有檢驗。年復一年，很
多藝術家、藝術團體，只拿到象徵性、雞肋式的一點
點錢，像是求得一點施捨，感到很沒尊嚴；少數獲得

較多經費的團體，也因為缺乏有效的評估辦法，成為其他團體忌妒的對象，不時招來冷嘲熱諷，其實同樣沒有尊嚴。另一方面，張元祥（2012）更是一語道破，分級獎助制度在卓越級以上即無另外專案計畫，使得一些有名的團隊一直瓜分近三成的補助經費；卓越級團隊的畢業退場與升級機制，在文建會與團隊間一直是一個不能觸碰的禁忌。受限預算，文建會的扶植團隊計畫無法提出「卓越2.0計畫」，只能在原地踏步。

上述言論，將「演藝團隊年度獎助專案」多年來的矛盾與窘境檯面化，文化部稍後在2013年創設「臺灣品牌團隊計畫」，提供原分級獎助計畫的卓越級團隊一個晉升機會。年度獎助專案的業務執行單位，於2017年先將評鑑工作委託給國藝會執行，接著於2018年起改由國藝會統籌「演藝團隊年度獎助專案」的申請審查和評鑑工作。年度獎助專案採兩階段方式，將之交予國藝會執行，藉由國藝會藝文中介組織的身分，與主管機關文化部和申請團隊間，維持一個「臂距之遙」，主要目的不外乎落實藝文獎補助制度的公平性、公開性、合理性和透明性。

二、演藝團隊年度獎助專案（2019年迄今）

「演藝團隊年度獎助專案」於 2018 年移撥至國藝會辦理，第一年延續「分級獎助」制度，同時辦理十餘場諮詢座談會，廣邀演藝團隊和專家學者共同商討，如何將「演藝團隊年度獎助專案」的資源與國藝會原有的補助資源加以整合，促使獎補助機制更完備，發揮更大影響力。統整各方意見後，為兼容各團隊發展需求，並鼓勵團隊及早進行年度規劃，於 2018 年 6 月發布《財團法人國家文化藝術基金會演藝團隊年度獎助專案辦法》。

（一）補助機制

「演藝團隊分級獎助計畫」更改為「演藝團隊年度獎助專案」後，首先取消原演藝團隊需立案滿 2 年才能申請的限制，新辦法規定只要在國內登記立案或設立的演藝團隊即可申請[4]。此外，為使資源充分運用，進一步規定「演藝團隊年度獎助專案」、「臺灣品牌團隊計畫」及「縣市傑出演藝團隊徵選及獎勵計

4　仍維持原辦法中所規定的政府機關、政黨、公營事業單位、學校、行政法人及其附屬團隊不列入補助範圍。

畫」不得重複補助。再者，陸續有團隊反映分級獎助計畫的「分級」對團隊有貼標籤的意涵，且團隊獲補助金額於不同級別間並無鑑別度，因此新辦法取消分級制度，申請計畫類型改為提供 1 至 3 年「營運計畫」或「營運及年度計畫」等六種申請選擇，由團隊依營運狀況及未來發展自行選擇。

新作業辦法，條列五點補助考量方向[5]，延續國藝會常態補助案的作業模式，公布補助考量方向，將評委的審核面向，提供給團隊參考，搭建起評委與團隊間的平臺，落實國藝會身為藝文中介組織，與各方保持「臂距之遙」的原則。

> 透過當時各類組的審查過程當中，請委員檢視他們最後評選出來的結果，討論凝聚出委員評選時主要考量的面向。我們希望國藝會可以扮演團隊跟資源分配者（委員）之間的平臺，可以將委員的考

5　(1) 致力藝術創發及提升展演品質；(2) 具核心製作、編創、演出人員；(3) 具長期規劃與營運能量；(4) 觀眾經營與培養；(5) 合理編列及運用經費。

量傳達給團隊，我們在公布補助結果的時候，也同時公布了補助考量方向。在這個轉接的期間，以各類補助考量方向為基礎，再凝聚成一個比較整體的補助考量，然後就納入 108 年度修改後的辦法當中。（政府部門 A3）

補助考量方向，來告訴所有的申請者這個辦法，算是一個重點[6]。（政府部門 A5）

新設的五點補助考量中提及觀衆經營與培養，「演藝團隊年度獎助專案」長期以協助團隊營運為目標，如今開始鼓勵團隊朝文化創意產業鏈上中下游的全方位發展，廣拓經費來源和提升自主營運能力。文創產業鏈的上游為演藝團隊和藝術創作，這是年度獎助專案長年著重的面向；團隊或相關企業經營的教學系統和藝文工作室，可視為中游的事業化、創新服務和創意組合；觀衆經營與培養的部分則是強調產業鏈

6　訪談後查證 2018 年的資料，雖然當年的作業辦法未列補助考量方向，但同年（2018）公布補助結果時即有分列音樂、舞蹈、傳統戲曲、現代戲劇四類的補助考量方向。

下游的重要性，提醒團隊在穩健經營機制和追求優質藝術展現外，對於提供產品或服務給消費者時，也需考量市場的反饋。

「演藝團隊年度獎助專案」原屬文化部業務，補助經費由文化部逐年編列年度預算予以支應。年度獎助專案 2018 年改由國藝會執行後，於原先「營運計畫」外，可一併申請國藝會「年度計畫」，旨在提供團隊行政便利性和節約成本。

「營運計畫」和「年度計畫」兩個獎助項目的經費分別來自文化部和國藝會；「營運計畫」是由文化部藝術發展司逐年編列預算[7]，以「捐贈財團法人國家文化藝術基金會維運經費，辦理文化藝術事業之獎助及法律服務，促進國家藝文多元化發展」之名義捐給國藝會；此外，獲選團隊的補助金額以每團 100 萬元

---

[7]　2017 年《國家文化藝術基金會設置條例》修正通過，增列「政府編列預算之捐贈」為經費來源之一。文化部分別於 2018 年編列 2 億 2,460 萬元、2019 年編列 2 億 2,137 萬元、2020 年編列 2 億 3,060 萬元、2021 年編列 2 億 2,437 萬元，贈與國藝會；附帶條件是將原文化部業務「演藝團隊分級獎助計畫」、「視覺藝術類補助營運類」，自 2018 年起轉由國藝會辦理。文化部將逐步把一般性補助任務和資源漸進式交付國藝會，使國藝會專注發揮中介組織專業治理角色。

至 800 萬元爲原則，最高補助額度不得超越團隊年度營運總經費的三分之一爲原則。「年度計畫」的補助款是由國藝會預算支應，並規定經核定補助之年度計畫，不得重複申請國藝會常態補助；清楚規定年度計畫補助件數及國藝會常態補助件數（不含國際文化交流項目），合計每年至多四件。詳盡的補助機制，源於政府藝文獎補助計畫資源有限，團隊籌措資金不易，爲避免資源過度集中，僅能透過設置法規條例予以規範。

> 改爲營運加年度計畫的初衷，是當初這個專案移撥到國藝會時，董事長希望能夠整合雙方的資源，讓整個資源能發揮更大的效果。……不管是從行政成本，或是各方面，節省時間或是成本的考量一次性完成這些行政程序。……不會有特別的區隔跟差異，就是團隊本來要執行的計畫，一併提進來而已。（政府部門A5）

> 年度獎助專案的「計畫」預算來自於常態補助，必須關照到常態申請者的權益，

因此補助件數也不超過常態兩期補助四
件的限制總數。（政府部門 A3）

新辦法將申請團隊的審查和獲補助團隊的評鑑作
業合而為一：審查的部分，維持初審、複審及決審的
三階段審查程序與評分標準，但新辦法清楚規定評審
委員任期 1 年，得連任 1 年；並在評審委員的組成人
數上賦予彈性，將複審會議改為 7 至 9 位委員，原則
上包含前一年度評鑑委員 3 至 4 人；決審會議改為 5
至 7 位評審委員組成，成員由四組複審會議主席，及
國藝會遴選之委員共同組成。決審會議的評審委員不
再有官方代表，強化國藝會以藝文中介組織的角色辦
理藝文獎補助計畫的專業性和超然地位。

（二）經費配置

2019 年更名為「演藝團隊年度獎助專案」，改
採「審鑑合一」，對於四個類別的獲獎助團隊並無太
大影響，獎助結果與歷年獲補助團隊名單重複性極
高。回溯年度獎助專案發展沿革，自 2008 年起，獲
補助團隊名單的變化就越來越緩慢，2012 年後，平
均每年各類別的新進團隊約為 1 團或掛零，年度獎助

專案的獲補助團隊名單並未適時反映出民間新創演藝團隊數目逐年倍數成長的情況。令人憂心的是「演藝團隊年度獎助專案」的補助金額較其他藝文獎補助計畫多且穩定性高，這是否會促使團隊產生依賴性，進而減低市場敏銳度和與社會對話的可能性；也就是說一旦獲選為年度獎助專案的補助團隊，即便團隊當年表現不佳，隔年也多會提供留校察看的機會（林采韻，2017）。一旦少了年度獎助專案的補助款，團隊馬上面臨龐大經費短缺，通常部分團隊因此宣布休團或解散，僅有少數團隊沉澱數年後捲土從來，再度回到獲補助名單。觀察傳統戲曲或現代戲劇類的補助結果，發現這兩個類別的新進團隊數量平均穩健成長，團隊發展也相對穩定。

　　若進一步比較 2018-2021 年間，四個類別的獲補助團隊總數和各類別的獲補助金額，異動不大，補助總金額約介於 1.45 億元到 1.5 億元間；有趣的是，早年舞蹈類別的獲補助金額長期居冠，自 2009 年起由現代戲劇類取代，並持續領先其他三類。此外，原本獲補助金額較少的傳統戲曲類，從 2013 年起，獲補助經費上升到第二位，一直持續到 2019 年，唐美

雲歌仔戲團由卓越級團隊晉升爲臺灣品牌團隊，才使得傳統戲曲類的獲補助金額瞬間驟減。

> 戲曲占到第二位，不只是因爲本土，原來各組經費齊頭平等，……主要就考量到各類別團隊的製作成本，才將四類的補助款比例做調整。……但這比例其實還沒眞到完全反映成本的地步，眞反映成本，差距會拉得更大，而事情涉及到更大利益就很難理性，所以稍微壓縮到大家可以接受的範圍。（評審委員 B1）

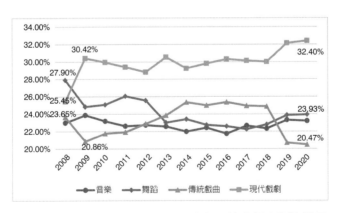

圖 3-3　2008-2020 年各類獲補助金額占總金額比例趨勢圖
資料來源：國藝會，圖：本研究繪製。

（三）小結

　　補助制度日漸上軌道，政府資訊也逐年公開透明，輔以國藝會對補助業務的熟稔，近幾年可清楚得知申請年度獎助專案的團隊總數、各類別申請團隊數和評審名單等；透過網路公開資訊，歸納整理 2009-2021 年各類別的獲補率。從表 3-2 得知，13 年來，每年申請團隊的平均數為 149 個團隊，平均有 89 團獲得補助，總獲補率平均為 60%。

　　四個類別中，音樂類平均獲補率為 52%，低於總獲補率，也是四類中最低。舞蹈類的獲補率在四類中起伏變化較大，曾於 2009 年出現 100% 獲補率的特例，隔年（2010）立即下降至 51%，次年又回升至 74%；自 2015 年以降，逐年微幅下滑至 2019 年的 56%，但接著快速增長，於 2021 年達 85%，上升近 30 個百分比，歷年獲補率平均值為 70%。傳統戲曲類的平均獲補率為 61%，2016-2020 年間為四個類別中獲補率最高的類別，並於 2020 年達到 82%，獲補率不斷攀升，不知是否與近幾年文化政策強調本土化有關？或是申請傳統戲曲類別的團隊減少，進而提高獲補機率。現代戲劇類的獲補率長年介於 51%～

64% 間，平均值約 57%，是四個類別中最為穩定。

　　整體而言，由於申請團隊數量和獲補助團隊數目皆不多，兩者緊密相連動，若申請團隊減少 1 至 2 團就會直接影響整體獲補率。2015 年起，每年皆有零星的新進團隊分布在各個類別；大體上，獲補助團隊名單沒有大幅變化，也非停滯不前，而是緩慢變動。

表 3-2　2014-2021 年各類別團隊獲補率

	音樂	舞蹈	傳戲	現戲	總獲補率	獲補團數	申請團數
2009	88%	100%	63%	64%	76%	87	115
2010	59%	51%	54%	53%	54%	96	177
2011	59%	74%	57%	54%	60%	94	156
2012	56%	74%	50%	59%	59%	100	169
2013	58%	73%	51%	56%	59%	98	166
2014	40%	72%	56%	51%	57%	85	149
2015	53%	73%	53%	52%	61%	88	145
2016	44%	65%	66%	56%	57%	81	142
2017	46%	58%	60%	57%	55%	80	145
2018	36%	58%	63%	63%	54%	82	151
2019	47%	56%	68%	62%	58%	86	149
2020	56%	77%	82%	58%	66%	88	134
2021	39%	85%	72%	59%	61%	86	142
平均	52%	70%	61%	57%	60%	89	149

資料來源：文化部和國藝會官方公開資訊，表格：本研究整理。

臺灣品牌團隊計畫

〜

2012 年文化部成立後，首任部長龍應台女士認為政府應對演藝團隊提供更多照顧與關懷，特別是許多已享有國際聲望的演藝團隊，他們藉由表演藝術讓臺灣被更多地方認識，貢獻不亞於其他產業，因此投資文化如同投資國家基礎建設一樣重要，進而在新年度（2013）文化預算裡，另爭取 1 億元經費，創設「臺灣品牌團隊計畫」，透過文化部政策引領，期許獲補助團隊成為政府的夥伴，發揮藝文公共性能量。

「臺灣品牌團隊計畫」使「演藝團隊年度獎助專案」中，多次獲得卓越級的演藝團隊，有了晉級管道；政府也同時給予演藝團隊更大的發揮空間，對於獲補助團隊的經費運用不做任何設限。第一年共有 5 個團隊獲選為臺灣品牌團隊，分別為財團法人雲門文化藝術基金會、財團法人擊樂文教基金會、紙風車劇團、財團法人優人文化藝術基金會[8]、明華園戲劇總

三十而立：政府資助表演藝術團隊關鍵報告

8　優表演藝術劇團成立於 1988 年，1993 年現任藝術總監黃誌群加入

團，每個團隊皆爲各類翹楚，冀期團隊能善用公共資源，致力於表演藝術卓越創新，特別是國際發聲與泥土深耕的具體行動構想。

> 第一任文化部長龍應台部長在 2013 年的時候提出臺灣品牌團隊計畫，作爲扶植政策的重要一環，希望金字塔頂端的卓越級團隊，建立獨特鮮明的文化品牌，用文化軟實力創造臺灣的優質形象。……鄭麗君部長在 2018 年 9 月時進一步修改了補助辦法，也擴大了預算，文化部站在國家整體文化政策的高度，重新定位臺灣品牌團隊計畫的宗旨，以公共體系的支持，協助專業演藝團隊永續經營，發揮藝文扎根的文化影響力並回饋社會，促進國際交流合作。（政府部門 A2）

臺灣品牌團隊中，以優人神鼓最受關注，因爲該

擔任擊鼓指導，成為「優人神鼓」；持續藝術創作並從事文化藝術推廣。2000 年成立「財團法人優人文化藝術基金會」。本研究將統一稱其為「優人神鼓」。

團創辦人劉若瑀，甫在 2012 年宣布優人神鼓經營困難，接受文建會補助條件限制過多等狀況，即日起將暫停創作 3 年，消息一出，隨即引發藝文各界聲援[9]。時隔數月，優人神鼓即入選為臺灣品牌團隊，劉若瑀再次表示：「『補助可以讓藝術家，過得更像藝術家』，去年宣布創作暫停，但事實上是延長創作的時間，『因為我們需要時間把作品做好』，現有了這些補助經費，讓團隊在營運壓力下有了喘息的空間，藝術家們有時間出國進修充實自我，不需為了毛利而奔波。」（陳思瑜，2013）

一、補助機制

《臺灣品牌團隊計畫補助作業要點》為落實政策宗旨，以協助具有展演規模能量及專業發展之演藝團隊永續經營、發揮藝文扎根之文化影響力並回饋社會、促進國際交流合作、打造臺灣藝文品牌成為文化國力的基礎及延伸等目標，對於補助對象的規範更加

---

9 時任文建會主委龍應台女士於第一時間致電關心，並表示藝文補助是未來文化部的施政重點之一，待新政府上任，文化部預算確定後，將全面檢討藝文補助機制（聯合晚報，2012）。

嚴格。首先，團隊需能展現臺灣文化元素和具有國際文化識別價值，同時需立案滿 10 年，且聘有專職藝術總監或類似職務之團隊；此外，檢附資料中需提出藝文扎根計畫和國際交流計畫，針對不同計畫，文化部設定年度營運計畫補助金額爲 2,000 萬元，藝文扎根計畫爲 1,000 萬元，國際交流計畫爲 1,000 萬元等補助經費上限的規範。

計畫採單一階段的書面審查，同步公告審查結果和評審名單。作業要點無明確規定審查委員會人數，2013 年計畫開始執行至今，評委人數逐年添增，從最早的 4 名評委到現在的 8 名；但「臺灣品牌團隊計畫」歷年評委重複性頗高，不僅如此，「演藝團隊年度獎助專案」和「臺灣品牌團隊計畫」的評審名單也有重複現象，此外，文化部官員於 2017 年起開始參與該計畫評審工作。「臺灣品牌團隊計畫」的獲補助名單異動非常緩慢，計畫實施前 5 年皆維持最初獲選的 5 個團隊，直到 2019 年唐美雲歌仔戲團加入，成爲第 6 個品牌團隊，金字塔頂端的品牌團隊，每年接受高額經費資助，團隊表現受社會大眾檢視，文化部官員加入評審會議，推測爲精神上表達對藝文獎補助制度和演藝團隊的支持。

其實沒有計畫之間誰分食誰的問題，也可從所有資料中看得出數字是增加的，所以它的加碼並沒有影響到原來扶植團隊的那塊餅。（政府部門 A2）

補助目的其實是給帶頭的火車頭型，帶動整個產業的大團，還有很多出國機會的大團。……強調國際性跟藝術性，強調另一個「泥土化、本土性」，就是她要求能夠扎根偏鄉……。（評審委員 B5）

二、經費配置

文化部成立後，有感於「演藝團隊年度獎助專案」規模逐漸擴大，截至 2012 年曾獲獎助團隊已達 193 團；分級獎助制度將團隊劃分為育成、發展與卓越三個級別，以此為資源配置依據，卓越級團隊雖屬少數，但因營運規模較大，所獲得的補助金額往往占補助總經費的四分之一強，導致其他級別的團隊深感補助資源被壓縮；文化部冀望將部分卓越級團隊，提升為臺灣品牌團隊，賡續提供更豐富的資源。其次，將有限經費更合宜地挹注在更多中、小型演藝團隊，

使得不同成長階段的演藝團隊，都能有較寬裕的公部門經費資助其持續穩定發展。

由表 3-3 得知臺灣品牌團隊歷年的獲補助團隊、補助總金額以及各團隊獲補助金額占當年補助總金額的比例。2013-2018 年的補助總金額，由最初的 1 億元，微幅下滑到 8,500 萬元，接著 2019 年唐美雲歌仔戲團加入，補助總金額些微添增至 1 億 100 萬元，隔年（2020）增加 700 萬元達 1 億 800 萬元，至 2021 年再度下調為 1 億 500 萬元。

觀察各團隊的獲補助金額，雲門舞集 9 年來長期獲得高於其他團隊 1 倍以上的補助經費，平均約占補助總金額的近 40%。若進一步分析各團的獲補助金額比例來看，2016-2018 年間，雲門舞集顯而易見地比明華園多出 2 倍之多的補助款；舞蹈類和傳統戲曲類團隊的補助金額在兩個極端，稍早也曾發生在年度獎助專案。2019 年傳統戲曲類的唐美雲歌仔戲團獲選，使臺灣品牌團隊增加至 6 團，補助總金額雖有小額增加，但實際上各團隊的補助款則出現縮減的情形；也就是說，有限資源，如出現越多爭取團隊，各團隊接受的政府資助經費可能被稀釋。

表 3-3　臺灣品牌團隊獲補助金額與補助金額占總金額的比例

團隊名稱	2013		2014		2015		2016		2017		2018		2019		2020		2021	
	金額(萬元)	占比(%)	金額(萬元)	占比(%)	金額(萬元)	占比(%)	金額(萬元)	占比(%)	金額(萬元)	占比(%)	金額(萬元)	占比(%)	金額(萬元)	占比(%)	金額(萬元)	占比(%)	金額(萬元)	占比(%)
雲門	4,000	40	4,000	40	4,000	40	3,900	43	3,900	43	3,666	43	3,900	39	3,900	36	3,750	36
擊樂	1,500	15	1,500	15	1,500	15	1,250	14	1,400	16	1,316	16	1,600	16	1,700	16	1,700	16
紙風車	1,500	15	1,500	15	1,600	16	1,400	16	1,600	18	1,504	18	1,550	15	1,650	15	1,650	16
優人	1,500	15	1,500	15	1,400	14.5	1,250	14	1,100	12	1,034	12	1,100	11	1,450	14	1,350	13
明華園	1,500	15	1,500	15	1,400	14.5	1,200	13	1,000	11	980	11	1,000	10	1,100	10	1,050	10
唐美雲	0		0		0		0		0		0		950	9	1,000	9	1,000	9
加總	10,000	100	10,000	100	9,900	100	9,000	100	9,000	100	8,500	100	10,100	100	10,800	100	10,500	100

資料來源：文化部和國藝會官方公開資訊，表格：本研究整理。

進一步將 6 個團隊在獲選為「臺灣品牌團隊計畫」的第一年，與前一年在年度獎助專案的補助款相比（表 3-4），發現各團的獲補助金額皆增加 1 倍以上，其中財團法人擊樂文教基金會增加 1.8 倍，為所有團隊中獲補助金額增添最多的團隊。相較於 2019 年唐美雲歌仔戲團成為臺灣品牌團隊前後的獲補助金額，僅微幅增加近 0.2 倍的補助經費。獲補助金額的增加幅度減緩，再次說明資源有限，未來要如何發揮最大效益或擴充資金來源，將為藝文獎補助計畫所面臨的挑戰。

表 3-4　臺灣品牌團隊獲補助金額變化幅度對照表

單位：新臺幣萬元

	2012年	2013年	漲幅	2018年	2019年	漲幅
雲門	1,600	4,000	150%	3,666	3,900	6%
擊樂	530	1,500	183%	1,316	1,600	22%
紙風車	595	1,500	152%	1,504	1,550	3%
優人神鼓	575	1,500	160%	1,034	1,100	6%
明華園	750	1,500	100%	980	1,000	2%
唐美雲	500	650	30%	810	950	17%

資料來源：文化部官方公開資料，表格：本研究整理。
備註：2019 年唐美雲歌仔戲團首次獲選為臺灣品牌團隊，表中 2012（500）、2013（650）為其在年度獎助專案的獲補助金額。

三、小結

不論「臺灣品牌團隊計畫」或「演藝團隊年度獎助專案」，都是文化部協助演藝團隊健全營運體質、鼓勵藝文環境和產業發展的良善政策；雖「臺灣品牌團隊計畫」的評選方式相對精簡，僅有書面審核，但2019年以前規定必須曾獲選為年度獎助專案卓越級演藝團隊方得申請，由此得知有意申請「臺灣品牌團隊計畫」的團隊，已有多年申請「演藝團隊年度獎助專案」的經驗，團隊對行政事務駕輕就熟，擁有深厚藝術創作底蘊和豐富市場歷練，於海內外舞臺占有一席之地與柔性影響力。反之，「演藝團隊年度獎助專案」參與徵選的團隊與日俱增，採三階段審查程序，以示其嚴謹慎重，追求審查結果能符合公平性及合理性的原則。

舞蹈類和現代戲劇類的獲補助團隊數目和補助總金額占比，分別為兩個藝文獎補助計畫中占比最高的兩類。眾所皆知，舞蹈類勝出的原因與雲門舞集長年獲得高額補助款有關；但現代戲劇類的崛起，與戲劇製作成本較高，需長程規劃密不可分；團隊唯有穩紮穩打從長計議，才有可能追求更高的藝術成就，而這

也正是推行藝文獎補助計畫的意義。藉由政府資助，提供團隊經費協助，讓藝術家專心於藝術創作。

本研究的獲補助團隊數目和補助總金額，皆為官方數據，統計各類別的補助金額占補助總金額比例，為理解四個類別經費配置的方式之一，具客觀性和參考價值。但只要某一類別有一個新進團隊，可能就會出現至少 100 萬元或以上的補助經費差異；另外，獲補助團隊總數，並無法得知各類別新進團隊的情形或團隊落榜原委，因此透過四個類別的經費配置占比和獲補率資料分析，為筆者嘗試在這套極為複雜的獎補助機制中，提供一個解讀參考觀點。

綜觀「演藝團隊年度獎助專案」和「臺灣品牌團隊計畫」，兩個中央政府層級的藝文獎補助計畫，每年分別約有 1.5 億元和 1 億元的年度經費，兩者加總約有 2.5 億元的補助經費可發放給 80～100 個演藝團隊。兩個藝文獎補助計畫的最大特色就在於它的期程是以 1 年為單位，提供團隊一份穩定充沛的經費，支持團隊長程規劃創作和永續發展，更是民間眾多演藝團隊賴以維生的泉源。

傳承創新

〜

　　「演藝團隊年度獎助專案」最早的設置目標以協助團隊營運為要點，如前文討論，多數演藝團隊創團的初衷，是藝術家希望有機會傳達創作理念，進一步集結眾人力量，提升藝術創作品質和量能。而年度獎助專案的補助核心，就是當團隊有優異傑出的藝術創作和藝術品質表現時，透過公部門提供經費資助，讓藝術家安心創作，協助團隊永續經營。

> 這個就是一個經營型的，就是希望你的整個營運，可以在正常的軌道，讓所有創作者有一個定心丸，其實我們的宗旨就是這麼簡單。（政府部門 A1）

> 演藝團隊的核心還是在藝術品質，……畢竟這個專案，是因為團隊先展現出好的藝術品質，而去支持團隊的營運發展。（政府部門 A3）

或許「演藝團隊年度獎助專案」的補助核心過於籠統，或許藝術品質和藝術表現難以衡量，外界由年度獎助專案的獲補助名單，對於評審委員的審核標準是以團隊的藝術表現、行政營運，或是其他面向之考量出現疑慮，因為極少數獲補助團隊的藝術表現或創作品質差強人意，多年來仍舊在獲補助名單；再則，通常委員們提供給團隊的回饋，多著重於行政營運的建議和提醒，促使團隊對於年度獎助專案的補助核心出現困惑。

> 你的遠程目標到底是什麼？你的目標性到底是什麼？不然的話你持續這樣子，……大家好像也很習慣，對你有某種依賴性。（演藝團隊 C5）

> 最重要的就是那個方向性的問題。……有一些東西如果可以讓他定義得更清楚，包括你覺得你要認可的價值是什麼？（演藝團隊 C5）

> 文化部、國藝會跟評委們要有一個共

識，要認清楚在現在這個環境下，這個團隊對臺灣社會、還有代表臺灣的重要性是多大，包括是對國際還是對國內。……你要看這個扶植案它的核心目的是什麼。（演藝團隊 C6）

對於團隊提出年度獎助專案的核心目標不明確，藝術表現和行政評鑑兩者比重的疑惑，多位受訪者表示年度獎助專案的補助重點是以藝術品質和藝術表現爲核心，行政是協助藝術的一環，並提出審查和評鑑過程，皆涵蓋藝術表現和行政評鑑兩大考量方向。藝術表現是透過委員們交流討論，採合議制尋求共識；行政評鑑是透過繁複表格，讓團隊藉此定期自我檢視營運和財務狀況，相對於藝術表現，行政評鑑易於評核；雖有藝術表現和行政評鑑兩大考量方向，但會議並無分項計分。

以藝術爲核心，行政只是讓你的藝術被看見。（評審委員 B2）

作品的藝術核心表現外，有些團隊會有

不同面向的發展。……不論是評審或評鑑委員在檢視團隊的營運與計畫，他們大多數也會從品質展現去看。（政府部門A3）

最主要就是補助營運，用營運支持創作。……所以有一套複雜的行政表格，……讓大家知道這些數字跟這些資訊蒐集很重要，所以評鑑是引導行政發展的一個目標。（評審委員B5）

表演藝術永遠沒有辦法靠著行政而永續發展，……要「藝術為主、行政為輔」。……做總體補助，把行政拉到前面去，思路上是會導致混淆的。……基本上就是以藝術評鑑為主，這種種是要為藝術服務的。（評審委員B1）

經營團隊是複雜且困難的，團隊常需兼具不同面向和多重功能屬性，跨足教育推廣、平臺功能已成為潮流，藉此創造更多營收來支持藝術創作。獲補助

團隊中，部分團隊因藝術創作能量降低，暫時將重心轉為教育推廣或經營平臺，以期能繼續留在獲補助名單；團隊轉型後，若出現藝術創作或藝術表現不盡理想的情況，逐漸偏離年度獎助專案以藝術品質為核心的目標，那是否還要繼續資助這些團隊？資源有限、人力有限、創意有限的前提下，僅少數團隊能在不同功能間自由轉換，兼顧多重功能與角色；再則，藝文生態環境變化快速，團隊的多功能，亦增加界定團隊屬性的困難度。

團隊的存在意義，……一個是美學完整性，一個是藝術創造性，第三是生態的重要性，……第四是教育推廣性。（評審委員 B1）

有些團隊著力於教育推廣，還是可以回歸到最核心關鍵部分，檢視教育推廣所呈現的藝術內容與品質。團隊營運上可能兼具不同的功能屬性面向，比方在國際面向上，有好的藝術品質，也才會有好的國際發展，所以這些是環環相扣

的。……團隊在發展過程中，可能有不同的觸角，最終還是要看核心藝術表現上是否達到一定品質。（政府部門A3）

它的核心價值是團隊的藝術品質。……相對來講，如果有的團隊它的專長是在藝術推廣、藝術教育，……可能就是有不同功能性的團隊，但是在這個專案裡面，我們是同等都被考量的。（政府部門A5）

本章將「演藝團隊年度獎助專案」分為創設、穩定發展、茁壯蛻變三個時期，詳細討論各時期四個藝術類別的資源配置。本研究嘗試以統計資料呈現四個類別獲補助金額的比例配置，提供一個觀察分析視角，但不代表筆者認同獲補助經費在四個類別要「均分」。不同類別團隊的營運模式、財務結構和製作成本都有著極大差距，創意性、獨特性本為藝術特質與創作核心，一味尋求經費配置的齊頭式平等，或雨露均霑的補助方式並不合宜。另外，稍早本章第二節也提到，演藝團隊可依據作品類型，選擇申請不同藝術類別，由於團隊的最低獲補助金額為100萬元或以

上，團隊在類別間擺動，都會連帶影響當年度各類別總經費的高低和比例。年度獎助專案的補助機制，並非於四個類別各自匡列一筆固定補助金額，獨立作業，而是彼此間存在著相互連動的緊密關係。

> 四個類別絕對不是齊頭式的，他們就是經過老師們多年的經驗，他們就區分出來，可能音樂跟舞蹈，他們差不多的費用。然後戲劇類的這兩個，可能就要多於前面這兩個類別的補助款的費用。（政府部門 A1）

> 音樂、舞蹈、戲劇、傳統戲曲四個類項常常是連動來、連動去的。……這是一個相當複雜的機制。（政府部門 A2）

> 雨露均霑或集中是個難題，……。儘管藝術欣賞會有一種主觀性，但它成就的高低還是有一定客觀性存在的。一旦把它視為公資源的分配，忘記了推動藝術才是目的時，患不均的種種不平就會更強

烈。總之，這些年，就是太多時候大家過度地去強調「患不均」。（評審委員B1）

經費分配永遠不可能每個人都覺得公平，也沒有最好的方法。對個別團隊來說是否合理，或者有沒有偏頗、有沒有遺珠之憾，這種事情全部都不可能完美，爭議永遠可能存在。（評審委員B5）

不管是「不患寡、患不均」或經費配置的妥適性，資源分配與再分配永遠都難以避免出現微辭和異音。一個計畫、一筆經費，包含四個不同藝術類別，是否可能透過獎補助機制的設計，在各個類別的經費間，尋找出可被接受的比例平衡點？而藝文獎補助計畫因為涉及難以衡量又非常複雜的「藝術」領域；「演藝團隊年度獎助專案」行之有年，一定有它令人信服和可取之處。

2018年「演藝團隊年度獎助專案」業務執行單位由文化部移轉至國藝會，隔年（2019）頒布新作業要點，並更改計畫名稱；由臂距之遙的藝文中介組

織來執行資源分配，更能襯托其超然性。國藝會長期從事藝文獎補助，對獎補助機制、作業流程有高度專業，對各類型演藝團隊和藝文生態環境發展亦非常熟悉，在專業協助之外，國藝會自我定位爲一個溝通橋樑和陪伴角色，開設一系列課程，供演藝團隊行政人員進修和自我提升，因而國藝會成爲「演藝團隊年度獎助專案」的執行單位，普遍獲得各方肯認。

> 臂膀距離講得很好，可是事實上它有一個臂膀距離之後，就是有更多的責任其實是在政府之外。你可以課責政府，但是課責不到國藝會，它是一群董事們的共識，不同意根本也不知道去面對誰。可是基本上它就是維持一個制度上的公平性，是大家可以接受的。（評審委員B5）

> 專案在補助、評鑑之外，也規劃有團隊的陪伴機制，去年開始建制了從申請、簽約、期中報告、演出評鑑、營運觀察到結案的完整線上系統。（政府部門A3）

從申請的程序上面來說，因爲國藝會辦
理這些業務已經是非常地專業。（演藝
團隊 C5）

國藝會一直都是在做補助跟審查這些事
情，所以這個（扶植案）就是一樣的，其
實是同樣的業務，就是那個標準跟規模
不一樣，所以國藝會對這種東西是非常
熟悉的。（演藝團隊 C6）

會考量到工具使用設計的方便性。……有
餘力再做很多事情，比如說他們就會開
課程，……帶著團隊如何建立網站和其他
進修課程。（演藝團隊 C7）

　　另外，有受訪者從經費效益面向切入，提到「演
藝團隊年度獎助專案」在文化部執行，因爲不用支付
額外人事行政成本，所以 1 億元可全數成爲演藝團隊
的補助經費，效益較高；但目前國藝會並沒有分攤
行政成本至年度獎助專案，僅編列 6% 的專案評審費

用 [10]。從經費效益來看，改由國藝會執行似乎降低其效益，但仍在可接受範圍，且國藝會的藝文獎補助專業能力和公信力，爲目前最適合執行年度獎助專案的藝文中介組織。

> 文化部的角色是一個政策訂定者，是擬定政策方向的，……國家文藝基金會本來就是關注在國內所謂的藝文表演團隊，長年的經驗與資源的累積，可以把這案子做得很好。（評審委員 B3）

> 它把補助變成是一種專業。沒有眞的去參與過的，很難理解其中的複雜和困難，這不是說我們眞的講公平正義就可以做得到，因爲它是一套複雜的關於藝術跟資源的分配系統。（評審委員 B5）

10　年度獎助專案在文化部時期，演藝團隊的評鑑是以標案方式委外執行，現在國藝會是採行審鑑合一。

藝文生態環境

　　前述章節，分別闡述政府資助演藝團隊之正當
性、必要性和重要性，探討演藝團隊之開拓與創新、
改革與倡導、價值維護和服務提供等四種角色，以
及藝術創作型、教育推廣型、平臺型和國際型四個功
能；瞭解「演藝團隊年度獎助專案」和「臺灣品牌團
隊計畫」兩個中央政府層級藝文獎補助計畫機制和經
費配置情形，也說明僅全國登記立案演藝團隊的 1%
能獲得此獎補助之殊榮，獲選團隊實為各領域之翹
楚。29 年來共有 236 個演藝團隊受惠於政府資助，
獎補助計畫對團隊的行政營運和發展健全體質功不可
沒。獲補助團隊中，有不少小規模的單一功能團隊，
借助獎助經費，逐漸擴展為具整合型功能的中、大規

模團隊。團隊接受政府公資源挹注，於社會中扮演多重角色與功能，發揮藝文公共性能量和外溢效應，活絡藝文產業也對藝文生態環境產生影響。本章將依序探討音樂、舞蹈、傳統戲曲和現代戲劇，四個藝術類別的獲補助團隊對該領域藝文生態環境之影響力。

音樂類別

早期的社會環境，將學習樂器視爲飽食暖衣之餘，中產階級或優渥家庭子女的福利。直至1980、1990年代社會經濟起飛，一句音樂教室的廣告詞「學琴的孩子不會變壞」，逐步帶動音樂學習風氣。樂器學習人口中，有部分比例的學習者，在日後選擇以音樂演奏或音樂教學爲業，形塑社會上音樂工作者和音樂學習人口數都遠高於其他藝術類別的情境；然而音樂工作者的養成和謀生工具（樂器），皆需投入相當可觀的成本。許多音樂工作者源於對音樂的熱情，三五好友在工作之餘相聚彩排，因而萌生籌組團隊的動機。音樂類團隊的成立門檻相對容易，通常團員兼

職行政和譜務，樂器自備，彩排場地爲團員家中、任教學校或工作樂團的排練室。演出製作多以經典作品文本詮釋，偶與國內、外作曲家合作共製，展演活動相對單純，製作成本相對較低，所以活動數量較多。

國內目前僅公部門樂團和少數民間團隊如朱宗慶打擊樂團、長榮交響樂團，聘有固定的專職藝術團員；此外，民間團隊的演出製作，常見臺上演奏家爲公部門樂團團員或團隊演奏家任教學校的同事或學生，因而衍生出民間音樂類團隊缺乏固定核心藝術團員的現象。音樂工作者以個別接案方式，游走於不同團隊，導致音樂類團隊演出人員重疊性過高，難以建立團隊品牌辨識度，展現團隊獨特性，亦可能間接造成音樂類團隊在藝文獎補助機制中，流動率偏高和個別團隊獲補助金額偏低的現況，以及影響四個類別的經費配置和個別類別的獲補率。

音樂類團隊可分爲西方音樂、民族音樂和世界音樂，獲補助團隊類型有西方音樂的管弦樂團、合唱團、打擊樂團、室內樂團、音樂劇團、爵士樂團；民族音樂的國樂團和南管團隊。29 年來共有 59 個音樂團隊獲得補助，其中，合唱團隊類型獲補助數目有

15 團，占比高達 25%，接著爲室內樂團隊 12 團，以及國樂團隊 11 團；弦樂團和音樂劇團各有 1 個團隊獲得補助。觀察團隊的獲補助年數，20 年以上的團隊有 8 個（表 4-1），包含合唱、管弦樂、國樂、室內樂和打擊樂等類型的團隊。

表 4-1　音樂類獲補助 20 年以上的團隊、年數和總金額

團隊名稱	年數	金額（萬元）
臺北愛樂室內及管弦樂團	30	7,599
財團法人臺北愛樂文教基金會	27	14,179
臺北室內合唱團	25	2,833
采風樂坊	25	5,437
財團法人擊樂文教基金會[1]	21	7,799
臺灣絃樂團	21	4,405
樂興之時管弦樂團	20	5,220
福爾摩沙合唱團	20	2,205

資料來源：國藝會，表格：本研究整理。

　　獲補助年數在 5 年以下[2]的團隊有 35 個，包括 15 個獲得 1 年經費補助的團隊（表 4-2），以室內樂

1　財團法人擊樂文教基金會自 2013 年起獲選爲臺灣品牌團隊，其在年度獎助專案的獲補助年數爲 1992 至 2012 年，共 21 年。

2　歷年獲補助團隊的獲補助年數之中位數爲 5 年，因而以此爲分界點進行討論。

表 4-2　音樂類獲補助 1 年的團隊和獲補助金額

團隊名稱	年數	金額（萬元）
臺北漢聲合唱團	1	30
鋼琴劇場團	1	50
中央合唱團	1	30
臺北人室內合唱團	1	188
廣青合唱團	1	100
臺灣銅管五重奏	1	60
長榮交響樂團	1	100
故鄉室內樂團	1	60
臺灣獨奏家室內樂團	1	80
聯合民族管弦樂團	1	80
市民管樂團	1	80
谷方當代箏界	1	60
臺中室內合唱團	1	80
臺北爵士大樂隊（2021 新進團隊）	1	100
新竹青年國樂團（2021 新進團隊）	1	100

資料來源：國藝會，表格：本研究整理。

團隊和合唱團隊爲多數。獲得 1 年補助的團隊，獲補助金額多低於 100 萬元，據資料顯示 1994 年正值文建會提倡社區總體營造，評委以補助一位專職行政人員 1 年薪資爲基準，計算出約 30～50 萬元的補助金額，因而在隔年（1995）出現部分音樂類團隊獲補

助金額偏低，以致於團隊認為經費資源過少不再提出申請；也有團隊因為成員僅有夫婦二人團，不構成團隊之條件（林谷芳，2001：135）；亦有少數團隊表示獲選為年度獎助專案的補助團隊，對行政資料要求過於繁瑣，展演場次規定要求過高，遠超過團隊能負荷的範圍，因此獲選一次後，即不再提出申請。

> 要做扶植團隊的話，基本上，一整年從你拿到補助的那一刻到 12 月 31 號以前的這一段，全部都在控管當中。要交很多的成果，演出要請老師做期中評鑑、期末評鑑，然後中間我們還不時地有一些訪視，還要一些報表的呈現，還有票房進進出出的整理。如果沒有心想要把這個團一路走下去的話，很多的團第二年就不會送申請了。（政府部門 A1）

　　音樂團隊的類型差別，並沒有影響團隊獲補助年數，但不同團隊類型所需的節目製作成本和團隊成員屬性有著明顯差異，清楚反映在團隊的獲補助金額；此外，團隊獲補助年數與獲補助金額並無正相關，也

就是說，部分獲補助年數較短的團隊所獲得的補助總金額，是高於部分獲補助年數較長的資深團隊。團隊營運能否成功或永續，靈魂人物和核心成員扮演著關鍵角色，音樂類團隊中有少數歷史悠久的團隊，因缺乏靈魂人物和有魄力的領導者，團務營運方針和中、長期規劃不明確，呈現搖搖欲墜的窘境。

合唱團隊成為音樂類獲補助團隊類型的多數，主要是因為合唱指揮家的號召力，或業餘愛好者多而成團容易。合唱團的營運成本以核心藝術家（藝術總監、指揮、鋼琴合作）、行政團隊之薪資和練習場地之場租為主，多數合唱團員另有專職，參與彩排或演出多傾向無酬勞，或領取微薄車馬費。臺北愛樂文教基金會、臺北室內合唱團、拉縴人男聲合唱團和木樓合唱團等，都是成功經營的合唱團隊。對此，黃俊銘（2020）曾表示：

> 我曾多次參與文化部與國藝會「演藝團隊年度獎助專案」的評審，發現經常名列前茅、富有活力與組織能力的團隊，往往不是音樂專業科班為核心所組成的團

隊，而是音樂愛好者所組成的團隊；他們多為合唱團如臺北愛樂合唱團、拉縴人、木樓等，其背景來源多元，多來自高中校友，也不乏社會菁英，他們擁有從組織到觀眾開發等完整的社會網絡支持，從業餘愛好走到藝術精進，在樂界已經是專業團隊一環。

「演藝團隊年度獎助專案」曾於 2009-2018 年間執行分級制度，申請級別與團隊規模、年度營運總經費和年度製作場次相關。據觀察，大多數音樂團隊傾向於申請 1 年的短期計畫；實施分級制度期間，申請發展級的音樂團隊平均有 12 團，略多於育成級的 9 團，而且團隊一旦選定申請級別，甚少在日後轉換申請級別；間接顯示音樂類團隊對於營運規模和團隊發展採穩健、保守策略。

財團法人擊樂文教基金會和財團法人臺北愛樂文教基金會是年度獎助專案中，唯二獲得卓越級團隊的肯定；這兩個音樂類團隊的團隊組織架構完善、營運能量充沛、發展願景明確、勇於追求自我突破和接

藝文生態環境

受挑戰，是「臺灣品牌團隊計畫」和「演藝團隊年度獎助專案」的長青團隊。財團法人擊樂文教基金會於「演藝團隊年度獎助專案」（21 年）和「臺灣品牌團隊計畫」（8 年）的獲補助經費總額為 2.1265 億元；財團法人臺北愛樂文教基金會連續 27 年獲得政府資助，累計獲補助經費總額約 1.4179 億。這兩個音樂團隊具有健全體質、獨立營運能力，經費自籌能力佳，長年獲得政府資助，目前皆以基金會方式營運。從基金會財務年報得知，政府經費約占基金會年度營運總經費的 10～20%，政府資助讓其有更寬裕的資金，從事製作和發揮生態環境影響力。

朱宗慶打擊樂團[3] 創立於 1986 年，隨後成立「財團法人擊樂文教基金會」，專責樂團的經紀與行政事務；爾後，創設打擊樂教學系統，創辦臺灣國際打擊樂節，掀起一股擊樂學習熱潮；各縣市陸續成立的擊樂教室，讓越來越多的孩童，選擇以打擊樂為音樂入門樂器，早期以日本 YAMAHA 山葉音樂教室為民間音樂教學主流系統的盛況，已不復見。擊樂文教基金

三十而立：政府資助表演藝術團隊關鍵報告

---

3 朱宗慶打擊樂團官網，網址：http://jpg.org.tw/jugroup/ju_percussion_group.aspx?code=0C914，檢索日期：2020/07/04。

會，由藝術創作型的打擊樂團隊起家，團隊的演出製作承襲經典，融匯東西打擊元素，跨域結合開創「擊樂劇場」，作品風格多變，每年的新製作皆讓人引頸以待，亦常受邀至國際各大音樂節演出；更跨足教育推廣型、平臺型和國際型功能；2017 年，鼓勵新銳打擊樂家發揮想像力及實驗精神，嘗試跨領域、媒材及場域的跨界表演型態，成立「JPG 擊樂實驗室」，為音樂團隊的先驅。擊樂文教基金會在各面向的成就，國內尚無團隊能及，該團於 2013 年獲選為臺灣品牌團隊中唯一的音樂類團隊，實至名歸。

不約而同，為支持臺北愛樂合唱團（創立於 1972 年）的發展，1986 年成立「財團法人臺北愛樂文教基金會[4]」，致力於推廣合唱藝術，多年來，集結各年齡的合唱愛好者，組成各類型合唱團隊；1996 年舉辦「臺北國際合唱音樂節」，為亞洲最大合唱盛事之一，廣邀世界各地優秀藝術家和團隊來臺參與合唱音樂節；爾後為建構全方位的表演藝術環境，相繼登記立案 11 個演藝團隊，包含各類型合唱團、管弦

4　財團法人臺北愛樂文教基金會官網，網址：https://www.tpf.org.tw/about，檢索日期：2020/07/04。

樂團、愛樂劇工廠和歌劇坊等，開啓多角化經營。臺北愛樂文教基金會目前年營運額約 8,000 萬，組織架構完善，有遠見的領導者和核心團隊，加上「演藝團隊年度獎助專案」和政府其他藝文相關資助，提供穩定經費支柱，促其團務欣欣向榮；同時也不吝於將其經驗分享給其他單位或團隊。基金會長期與連江縣政府文化處合作，經營馬祖藝文發展；亦曾與國藝會合作執行「原住民表演藝術推廣平臺」，協助五個原住民的立案演藝團隊設立組織架構、辦公室行政作業系統、財務管理和國際交流等行政營運和經驗分享。

> 臺北愛樂基金會的營運真的是非常地完整，……團隊真的有做到所謂的自給自足，行銷、票房、行政管理、人才培育，然後建立品牌經營。（評審委員 B3）

> 合唱節其實就是一個平臺，包括在東南亞地區，然後甚至到歐美，每年暑假就在這個地方大家做交流。（演藝團隊 C6）

> 扶植案是確實有幫助到團隊，至少我們

這個團隊，或是我們以前有執行過一個「原住民表演藝術推廣計畫」，……扶植案的補助款對這些團隊眞的很重要。……所以它確實對生態是有絕對、正面的幫助。（演藝團隊 C7）

　　臺北愛樂文教基金會，近年連續獲得「演藝團隊年度獎助專案」的最高額補助 800 萬；團隊以藝術創作型功能爲立基，逐漸開展教育推廣型、平臺型和國際型功能，團隊夥伴秉著「行有餘力，則以助人」的信念，希望團隊和表演藝術環境可以共好，對音樂生態的引領是有目共睹和備受肯定。

　　綜言之，資深音樂團隊有較足夠的資源和豐富經驗，以團爲單位，整合各種功能，全方位發展；而中、小型團隊的藝術團員猶如音樂種子，在演出之外，任教於各級學校、樂團專職或業餘音樂愛好者，有著更多以音樂薰陶感染他人的管道。如今，各類型的音樂活動目不暇給，據統計音樂類的展演數量僅次於現代戲劇類，獲得藝文獎補助計畫的音樂團隊，正是支撐著這些活動的生力軍。

舞蹈類別

～

　　舞蹈類別有現代舞、芭蕾舞、民族舞蹈和原住民舞蹈等類型，歷年來「演藝團隊年度獎助專案」接受政府資助的舞蹈團隊，現代舞團約占 85%，少數為芭蕾舞團、原住民舞團或其他；這個現象與舞蹈在臺灣的發展脈絡，以及東方舞者的先天限制有著密切關聯。

　　1949 年國民政府遷臺後，希望將大型舞蹈活動發展為全民運動，鍛鍊身心；接續於 1952 年起，開始舉辦全國民族舞蹈比賽，近七十年來未曾間斷。原住民族人看了民族舞蹈比賽後，也曾嘗試將相關素材融入豐年祭舞（阿美族）、勇士舞（雅美族，後更名為達悟族）等祭典中。全國民族舞蹈比賽對早期的舞蹈發展、校園和民間的舞蹈學習人口，有著相當大的影響。1960 年代，美國國務院為擴展國民外交，安排美國現代舞團和舞蹈家巡迴演出，許多當代知名現代舞團和舞蹈家，因此機緣造訪臺灣，也開啓臺灣第一批對現代舞蹈有興趣的年輕人出國習舞（平珩，1998）。

1970 年代林懷民學成返國，1972 年成立第一個專業舞團「雲門舞集」，當時正逢臺灣在世界政治舞臺感到孤立之時，雲門以現代舞技巧，加上東方武功與身段，作品主題選自傳統文學或是戲曲題材；標榜「中國人寫曲子，中國人編舞，中國人跳給中國人看」，向世界發聲。1978 年，以先民渡海來臺、開墾臺灣為題，創作〈唐山〉、〈渡海〉、〈拓荒〉、〈野地的祝福〉、〈死亡與新生〉、〈耕種與豐收〉和〈節慶〉等片段，成就了經典之作《薪傳》，讓大家重新認識身邊的土地；隨著社會開始對舞蹈有更多的認識，尊重其為專業的藝術形式，也逐漸接受跳舞的「舞者」是一種行業。

　　當時國內尚無專業藝文場館，舞蹈展演多在多功能集會場所如體育館、國父紀念館、國軍英雄館等，因舞臺地板缺乏緩衝彈性，容易受傷，對舞蹈家而言並不理想；再則，舞者鮮少有足夠的時間，熟悉展演場地的空間感。1984 年皇冠舞蹈工作室成立，沿自紐約小劇場的概念，讓舞蹈工作者在小劇場內創作、排練、演出，於熟悉的場地發表創作；加上小劇場設計為無鏡框式舞臺，與觀眾近距離接觸，讓編舞家有

場域實驗更多的想法。皇冠舞蹈工作室亦主辦藝術節、各類創意活動、舞蹈營、引進國外舞蹈技巧、創作和教學理念，提供舞者在學校教育之外，有接受專業課程的機會。1990 年創立「舞蹈空間舞蹈團」，是繼雲門舞集之後的第二個專業現代舞團，邀集臺灣中生代編舞家，讓他們在無需擔心舞者來源的狀況下，專注盡情創作。

舞蹈家透過肢體，反映對生活環境的關心、展現個人內心最大的自由度，也挑戰觀眾在欣賞層面的多重選擇。「臺北首督芭蕾舞團」、「原舞者」、「越界舞團」、「新古典舞團」、「臺北民族舞團」、「高雄城市芭蕾舞團」、「廖末喜舞蹈劇場」等舞團遍地開花，也為各地的藝術創作環境開發出另一種可能性（平珩，1998）。

舞團的營運和人才培育與其他領域略有不同。首先舞蹈展演多為群體演出，需要有場地長時間排練，大部分職業舞團都聘有專職的編舞家和舞者，促使舞團在藝術人員的人事費支出遠高於其他類別。除此之外，舞者有著較多先天條件限制，如芭蕾舞和現代舞都著重於舞者身材比例，東方人體型相對適合朝現代

舞發展，而且舞者的培訓，若太早開始，骨骼尚未完全發育；太晚則身體彈性和韌性不足。為此，國立臺北藝術大學於 1998 年開設舞蹈學系七年一貫制，從十五歲開始培育舞蹈人才。另外，舞者就像運動家，需要每天固定練習，維持身體最佳狀態，才有機會達到黃金巔峰，但個人的黃金巔峰通常十分有限，當體能和耐力逐漸衰退，終需離開舞臺。舞蹈家是所有藝術家中，舞臺壽命最短的，而舞者又比編舞家更短更受限。所以，當政府資助舞蹈團隊時，除考量舞團的藝術創作外，應將舞團核心藝術家的人事成本、舞者生涯規劃等面向一併納入。

> 組織架構非常簡單，就是藝術總監、技術總監、行政總監和 10 位舞者。……我們的人事成本是占最大的支出。（演藝團隊 C10）

> 我們應該要思考這個機制裡面，如何把整個生態健全，讓整個生態健全才有未來，不然舞者跳到最後，雲門下來了，他也不知道要做什麼？他非常厲害，可

藝文生態環境

是時間到了，他也需要下來，那你要叫
他去哪裡？這一整套的思維，要全方
位。（評審委員 B4）

「演藝團隊年度獎助專案」實施以來，共有 60
個舞蹈團隊獲得補助，獲補助年數 20 年以上的團隊
有 9 個（表 4-3），雲門舞集的獲補助金額明顯高於
其他團隊。若暫時排除團隊營運規模與成本，單獨以
團隊獲得年度獎助專案的補助金額來討論，雲門舞
集 21 年的獲補助經費總額有 2.2176 億，舞蹈空間舞
蹈團 27 年的獲補助經費總額有 8,822 萬，兩者相差
約 2.5 倍；而舞蹈空間舞蹈團的獲補助經費總額，又
比位居第三順位的新古典舞團，多出約 1.4 倍以上。
進一步加總雲門舞集在「演藝團隊年度獎助專案」和
「臺灣品牌團隊計畫」的獲補助金額，共有 5.7192
億元，為四個類別的獲補助團隊中，獲補助經費總額
最高的團隊。

表 4-3　舞蹈類獲補助 20 年以上的團隊、年數和總金額

團隊名稱	年數	金額（萬元）
舞蹈空間舞蹈團	27	8,822
新古典舞團	26	6,232

團隊名稱	年數	金額（萬元）
臺北首督芭蕾舞團	25	3,290
財團法人原舞者文化藝術基金會	22	4,317
無垢舞蹈劇場	22	3,462
財團法人雲門舞集文教基金會[5]	21	22,176
光環舞集舞蹈團	21	4,166
高雄城市芭蕾舞團	21	3,030
三十舞蹈劇場	20	2,880

資料來源：國藝會，表格：本研究整理。

　　獲補助年數 5 年以下的舞蹈團隊有 29 個團隊，其中獲補助 1 年的有 8 團（表 4-4）。研究指出，舞蹈團隊未持續提出申請的可能原因包括獲補助金額過低，不符合成本效益，以及專職人員流失、活動頻率遞減，或是暫停團務（林谷芳，2001）。

表 4-4　舞蹈類獲補助 1 年的團隊和獲補助金額

團隊名稱	年數	金額（萬元）
多面向舞蹈劇團	1	100
美江舞蹈團	1	100
蘭陽舞蹈團臺北團	1	113
野草莓舞團	1	113

5　財團法人雲門舞集文教基金會自 2013 年起獲選為臺灣品牌團隊，其在年度獎助專案的獲補助年數為 1992-2012 年，共 21 年。

團隊名稱	年數	金額（萬元）
藝姿舞團	1	100
舞次方舞蹈工坊	1	80
長弓舞蹈劇場	1	80
員圓舞蹈團	1	80

資料來源：國藝會，表格：本研究整理。

　　舞蹈團隊類型以現代舞為多數，近幾年陸續出現結合其他舞蹈類型或跨領域的團隊。如「爵代舞蹈劇場」結合爵士舞和現代舞；「FOCA福爾摩沙馬戲團」結合馬戲與舞蹈；「安娜琪舞蹈劇場」和「黃翊工作室」，著重於科技藝術與舞蹈的跨域創作；再者，「無垢舞蹈劇場」從本土素材出發，藝術總監林麗珍強調身體美學有「靜、定、鬆、沉、緩、勁」，秉持著對藝術的理想與堅持，以「十年磨一劍」的精神，提煉出歷久彌新的經典作品，作品在世界各國廣受歡迎，2002年林麗珍更獲歐洲文化藝術電視臺「arte」遴選為當代八大編舞家。舞蹈團隊少了語言文字的隔閡，加上其多樣態發展和藝術成就，許多獲選為年度獎助專案資助的舞蹈團隊，在國際舞壇頻獲肯定。

愛丁堡藝術節裡面，有一系列的演出專
門做馬戲舞蹈，所以他們其實把馬戲弄
到舞蹈，或者是把街舞弄到舞蹈類，它
有一個重點是在於它的藝術品質。（評
審委員 B4）

林麗珍老師公認的藝術地位，她需要時
間慢慢創作，……但她做出來的東西永遠
叫人家很驚艷。（評審委員 B5）

　　「演藝團隊年度獎助專案」的四個類別中，絕
大多數獲補助 20 年以上的團隊，至今仍屹立不搖，
唯舞蹈類的「財團法人原舞者文化藝術基金會」和
「光環舞集舞蹈團」，自 2015 年起就停止獲得年度
獎助專案的資助。財團法人原舞者文化藝術基金會的
官網[6]資料顯示，該團於 2007 年回歸部落養精蓄銳，
找回原住民樂舞文化的原始能量和本質，尋求對未來
的再定位，最後一次公開展演資訊為 2016 年，網站
資訊多為近年舉辦的原住民舞樂文化營或人才培訓營

6　財團法人原舞者文化藝術基金會官網，網址：http://www.fidfca.
com.tw/dance，檢索日期：2020/07/03。

等。當年原舞者的團員，另外創設「TAI 身體劇場」和「冉而山劇場」，其中「TAI 身體劇場」的作品逐漸嶄露頭角，並獲得各方肯定。此外「光環舞集舞蹈團」創辦人和編舞家劉紹爐於 2014 年因病辭世，團隊持續營運 5 年後，在 2019 年熄燈落幕。

　　論及舞蹈團隊和生態發展，雲門舞集有其不可取代之地位。雲門舞集在 1970 年代開啓舞蹈之窗，帶動舞蹈生態和市場的昌盛興隆，是領域先鋒，其影響可分為專業領域的舞蹈家培育和肢體開發的教學體系。首先，專業領域舞蹈家培育，雲門舞集創先聘用專職舞者，提供基本薪資讓舞者免於為求溫飽而四處接案的漂泊生活，專心練舞，專注於自我肢體和潛能開發與提升；多年來，雲門舞者們，開枝散葉，成了現今大多數舞蹈團隊的藝術總監或編舞家。1998年，雲門舞集在舞團成立 25 週年時，為落實藝術就在生活中的理念，希望透過肢體開發，讓每個人更認識自己，開辦「雲門舞集舞蹈教室[7]」。融合多年的舞蹈藝術經驗，開創出「生活律動」、「武術」和「專

7　雲門舞集舞蹈教室官網：網址：https://www.cgds.com.tw/history，檢索日期：2020/07/03。

業舞蹈」等不同教學系統。雲門教室標榜「身體學會的，誰也拿不走」，著重啓發、創意、身體影響力和身體遊戲，有別於坊間舞蹈才藝教室以傳授跳舞技巧爲主。

2008 年排練場的火災意外，迫使雲門舞集另覓新據點，隔年（2009）與新北市政府簽訂 BOT 合作，於淡水中央廣播電臺舊址興建雲門劇場，2015 年落成開幕，爲第一個民間捐款建造的劇院，有一個中型劇場（約 400 多席）、兩個小劇場，還有寬闊的戶外綠地，成爲一個國內外藝術家創作、演出、跨界交流的平臺，更是華人世界第一個以表演藝術爲核心的創意園地。雲門舞集先是藝術創作型的舞蹈團隊，長年接受政府資助，如今整合所有功能，其柔性影響力和國際聲望，早已超越任何團隊所及。

> 雲門是另外一件事，因爲雲門是一種文化上的推動，就是它已經是一個文化形象，我覺得已經沒有辦法用品牌這件事去看雲門。（評審委員 B2）

由財團法人雲門文化藝術基金會歷年的年度報告得知，基金會的年度經費收入總額約 2 億 4,546 萬元，政府資助約占基金會年度收入的 20%～22%、民間捐贈 26%～33%、演出業務 38%～43%、其他約 7%～9%，各種收入來源的比例以演出業務占比最高，接著為民間捐贈。政府資助的占比並不如外界想像的高，但因為其組織規模龐大需要較多經費，所以獲政府資助的單筆資助金額相對於中、小型團隊的確高出許多。若將雲門舞集和中、小型團隊的經費來源和財務結構相比，雲門舞集是極少數兼具健全體質和財務結構完善的團隊。另外，雲門舞集的品牌聲望，也促成其尋求民間捐贈或企業贊助的優勢，而雲門舞集藝術創作的傑出優異，正是它被大眾所推崇的核心價值。該現象與范麗雪（2012）提出計畫型補助案所能形成的「正向循環」相呼應。

若排除團隊營運規模等因素，單純以政府資助金額來看，雲門舞集明顯比其他團隊獲得更多的政府經費資助，是不容否認的事實，但是否因為雲門造成其他舞蹈團隊的資助金額相對減少，無從驗證。受訪者指出，多數時候對於其他團隊的發展，大家多少抱持

觀望心態，傾向以分散風險的概念，讓團隊都可獲得相當比例的補助經費。

> 除了在制度下追求彈性之外，我們要去重視每個團隊的個別差異。所以小團你給它更多的經費，不見得有幫助，那大團，其實要看它的錢怎麼用。……現在的情況有一點就是因為對於公共資源的管控，所以整個補助制度變成說，它比較不敢讓資源給的比例變得很高。……投資的話叫做分散風險，補助就是大家都給一點，所以它的結果其實是很不好的。
>
> （評審委員 B5）

《兩廳院售票系統消費者行為報告》舞蹈類Top10 節目的製作團隊中，僅有雲門舞集和黃翊工作室是「演藝團隊年度獎助專案」的獲補助團隊；舞蹈類每年平均約有 20 個獲補助團隊，這樣的結果，似乎出現獲補助團隊和消費者市場偏好之差異；另外，舞蹈類票房出現負成長，是觀賞舞蹈演出的觀眾變少？舞蹈團隊能量太旺盛，展演太多？團隊受歡迎程

度極化？或品牌光環效益？

> 舞蹈是負成長！……舞蹈現在人越來越
> 多，就是臺上都比臺下多太多了。大家
> 的能量很旺盛，但會發現那麼多的活動
> 目不暇給，可是要參與的人真的很少。
> （演藝團隊 C5）

　　資深舞蹈團隊除持續推出高品質藝術創作外，也投身創造更優質、完備的舞蹈生態環境，將其資源與其他團隊共享。對舞團而言，擁有固定排練空間是基本要素，但空間取得不易，許多資深團隊將排練場的空檔時段，提供給其他有需要的團隊進行彩排。另一方面，部分團隊在藝術創作之餘，規劃系列的藝術教育課程或工作坊，也有越來越多團隊結合教育推廣和平臺型功能，策劃舞蹈節，聯合多個舞蹈團隊參與演出，聚集各團隊的行銷和宣傳人才，資源共享，創造平臺，讓舞蹈新秀有發表和被觀眾認識的機會；開辦藝術生活節，採主題式策展，規劃身體工作坊、創作交流和藝術家實驗室等。另外少數東部的舞蹈團隊，因藝術家的原住民身分，於創作中融合原住民的生活

元素，也潛心於部落表演藝術教育推廣。或許因為舞者培訓過程著重於團隊精神、群體活動，舞團間相知相惜，共同攜手將政府公資源發揮最大效益。

> 我們從零開始，所以我們有一些資源，我們就會分享出去。（演藝團隊 C4）

> 因為以前我們也很受照顧，剛成立時，像首督、金枝演社，甚至雲門，就是讓我們去排練的。所以我覺得這會是一個好的循環。（演藝團隊 C5）

> 我們都會推「部落巡演」，把劇場60%、近 70% 以上的所有規格，都放到部落裡面去做演出，讓所有的部落族人來看，這就是我們要做的事情。（演藝團隊 C10）

　　排練和演出場地的規模對舞團而言非常重要，部分受訪者表示，舞蹈創作在規模上是需要循序漸進的練習過程，舞臺大小、劇場設備都會直接影響藝術創作。目前大部分團隊都是承租小型排練場，假如他

們要到國家戲劇院演出，因為舞臺空間感不同，要駕馭比排練場大好幾倍的舞臺可能會是個挑戰，創作內容也都需要再調整構思。但是長期一直在小型劇場，容易被外界認為沒有成長和自我突破，所以舞團對中型劇場的需求是非常渴望。目前國內藝文場館非大即小，中型劇場極為少數，外在環境因素讓舞團少了一個磨練、轉換的管道，也間接造成團隊在成長和營運的一大挑戰。

> 我覺得有一個很大的問題是大家對於中型劇場的忽略，這個會造成很多團隊它在升級的過程裡面，遭遇非常大的困難。（演藝團隊 C5）

> 現在的中型劇場很多都是不完整的中型劇場。所以搞到最後，大家要順應生存，只好走小劇場規模。（評審委員 B4）

近幾年，有越來越多舞蹈團隊開始著重於跨域合作展演，特別是結合科技藝術創作，如黃翊工作室的藝術總監——黃翊，多年潛心鑽研機器人程式撰

寫、克服安全性和劇場限制等條件，終在 2012 年推出《黃翊與庫卡》，舞蹈家與機器人手臂——庫卡共舞，該作品隨即獲得國際各大藝術節慶邀請，累積至今已在 16 個國家演出 63 場。另外，何曉玫 MEI-MAGA 舞團，2017 年推出《默島新樂園》，結合傳統祭典的廟會文化、Cosplay 人偶和踩高蹺；「TAI 身體劇場」、「蒂摩爾古薪舞集」、「布拉瑞揚舞團」於作品中加入劇場概念、人聲傳唱，融合原民元素、傳遞部落文化故事。

獲得政府經費資助的舞蹈團隊帶動舞蹈生態蓬勃發展，節目內容之豐富，目不暇給；製作之高品質，精彩不絕。而舞蹈類節目票房出現負成長，顯示舞臺上的活躍能量與欣賞舞蹈演出的民眾有落差，未來要如何提升民眾參與，支持中、小型舞蹈團隊，將是舞蹈團隊、藝文場館和政府相關部會等所有利害關係人，需審思的當務之急。

傳統戲曲類別

傳統戲曲是四個類別中劇種最爲多樣、生態最爲複雜的類別。首先，傳統戲曲類的演出型態分爲「民戲」和「文化場」。「民戲」是傳統戲曲團隊原來的生存背景，民間宗教節慶或迎神賽會時，會邀請歌仔戲團或掌中劇團演出以酬謝神明，演員採「做活戲」的即興演出。「文化場」又稱「公演場」，是指進到藝文場館的演出，以「做死戲」方式，也就是演出經過彩排予以規範化，編劇、導演、舞臺設計都要專業分工。討論傳統戲曲團隊時，須將「民戲」和「文化場」兩種演出型態的差異納入考量，因地制宜思考演出場域和功能性。

傳統戲曲的劇種十分多元，歌仔戲、掌中戲、說唱藝術、崑劇、京劇、皮影戲、客家戲、偶戲（木偶、懸絲偶），或民俗類的陣頭和醒獅團都屬於傳統戲曲的範疇。年度獎助專案實施 29 年來，共有 51 個傳統戲曲團隊獲得補助，歌仔戲團隊有 20 個、掌中劇團隊有 13 個，兩者相加，占傳統戲曲類獲補助

團隊總數的 64%，比例高達約三分之二。51 個獲補助團隊中，獲補助年數 20 年以上的團隊有 4 個（表4-5），其中當代傳奇劇場的獲補助經費總額為 1.061億元，明顯高於其他資深團隊。當代傳奇劇場，成立以來致力於傳承傳統中國戲曲並以創新劇場表演藝術為標的，融合東西方劇場藝術，深具特色。獲補助25 年的榮興客家採茶劇團，身負傳統客家戲曲文化之傳承、保存，培訓客家戲曲表演人才，有其獨特之地位。

表 4-5　傳統戲曲類獲補助 20 年以上的團隊、年數和總金額

團隊名稱	年數	金額（萬元）
榮興客家採茶劇團	25	4,778
當代傳奇劇場	24	10,610
臺北曲藝團	24	3,448
秀琴歌劇團	21	3,865

資料來源：國藝會，表格：本研究整理。

獲補助年數在 5 年以下的 25 個團隊中，有 6 個團隊獲補助年數為 1 年（表 4-6）；其中鴻勝醒獅團為極少數在年度獎助專案中，以民俗技藝專長獲得補助的團隊。鴻勝醒獅團以民俗技藝中的武術、舞獅技

藝表演，傳統廟會民俗表演的鑼鼓樂，融合武術拳法，開創「醒獅鑼鼓」；結合舞龍、八將團、雜技等其他民間傳統表演藝術，展現多樣貌的表演內容；2017年拍攝《起鼓出獅》電視劇集，記錄鴻勝醒獅團團長張遠榮的故事。至於鴻勝醒獅團僅獲補助1年的原因，是否與常民文化和精緻藝術的品味之爭有關，無從得知。傳統戲曲類團隊未持續獲得補助的理由，除了部分團隊未提出申請外，曾出現演出藝術水準不符補助標準，或涉及有礙善良風俗的演出等因素（林谷芳，2001）。

表 4-6　傳統戲曲類獲補助 1 年的團隊和獲補助金額

團隊名稱	年數	金額（萬元）
二水明世界掌中劇團	1	90
明世界掌中劇團	1	100
諸羅山大偶戲團	1	100
大漢玉集劇藝團	1	110
鴻勝醒獅團	1	100
正明龍歌劇團	1	100

資料來源：國藝會，表格：本研究整理。

於《兩廳院售票系統消費者行為報告》獲選為傳統戲曲 Top10 節目的製作團隊，如唐美雲歌仔戲團、

三十而立：政府資助表演藝術團隊關鍵報告

明華園戲劇總團、當代傳奇劇場、尚和歌仔戲劇團、一心戲劇團，都是「演藝團隊年度獎助專案」的獲補助團隊，其中尚和歌仔戲劇團資歷較淺，只有 11 年的獲補助年數，其餘皆有 19 年以上的年數。兩廳院的統計資料來源為團隊售票演出，換言之，就是團隊在藝文場館的文化場演出，因此呈現傳統戲曲類的獲補助團隊與文化場展演能量為正相關現象。

傳統戲曲團隊以歌仔戲團和掌中劇團為主體，主要是因為民戲的需求量大，團隊數量多，自然而然登記立案的團隊數目就比較多；民戲依然是歌仔戲團和掌中劇團演出活動及經費來源中很重要的一環，但單靠民戲收入，團隊難以支撐文化場的演出製作成本，藉由政府資助，協助團隊朝現代劇場的演出型態發展，同時加速團隊在行政和藝術品質的提升與突破。

> 我們現在選出來的戲曲團隊，可以發現他們的確在藝術上面，跟他們的市場占有率上面，確實都是比較優質的。（評審委員 B6）

早期傳統技藝的傳承都是在家族成員間流傳或師徒制，因此在傳統戲曲類別的歌仔戲團和掌中劇團中，有不少是第二代或第三代的經營者，或將其發展為家族文化事業體。明華園[8]創立於1929年，目前有明華園戲劇總團，加上「天、地、玄、黃、日、月、星、辰」八個子團和四個協力團隊。明華園戲劇總團和八個子團，分布在臺灣各地；各子團由家族第三代經營且各自獨立運作，只有在總團有公演時才號召各子團人員加入演出。其中「明華園天字戲劇團」自2011年起，亦獲選為「演藝團隊年度獎助專案」的獎助團隊，與明華園戲劇總團同時接受政府經費資助，委員們表示兩團各自獨立營運，擁有不同核心藝術家和行政團隊，提出申請補助是因為有各自的需求，這之中並未出現對團隊有重複補助的情形。

> 明華園的子團是獨立經營，若不獨立經營的大概就不會同時得到補助，大家原就有注意到這個問題，只要獨立經營就沒問題。（評審委員 B1）

8　明華園，網址：https://zh.wikipedia.org/wiki/%E6%98%8E%E8%8F%AF%E5%9C%92，檢索日期：2020/07/04。

此外，明華園戲劇總團，常獲邀至各種活動慶典演出，但外界對於總團和子團爲分別獨立營運個體的情況並不清楚；假設活動想要邀請多個歌仔戲團隊，在邀請明華園總團後，子團就容易被忽略，因而在總團的光環下，子團各自的營運和發展，其實有著更多挑戰。

　　前面提及歌仔戲團隊的演出活動，民戲是很重要的一環，但也有少數歌仔戲團竭力於劇場歌仔戲[9]演出，如河洛歌子戲團或唐美雲歌仔戲團，皆以劇場歌仔戲爲發展目標，兩團也都曾跨足電視歌仔戲節目製作。1990 年代，河洛歌子戲劇團[10]首先提出劇場歌仔戲的概念，認爲傳統歌仔戲必須結合編劇、導演、音樂、舞臺技術、燈光音效、服裝布景等現代劇場元素，爲歌仔戲注入新生命，才能使歌仔戲在現代社會中生存。1991 年河洛歌子戲團於國家戲劇院世界首演《曲判記》，爲第一部大型舞臺公演歌仔戲。1998

9　歌仔戲的演出分爲外臺演出和內臺演出，兩者都有相當精緻的演出，精緻程度並不受演出場域的影響，因此本研究將現代劇場的歌仔戲稱爲「劇場歌仔戲」，取代「精緻歌仔戲」之稱呼。

10　河洛歌子戲團，網址：https://zh.wikipedia.org/wiki/%E6%B2%B3%E6%B4%9B%E6%AD%8C%E5%AD%90%E6%88%B2%E5%9C%98，檢索日期：2020/07/04。

年唐美雲歌仔戲團 [11] 創立，以「承傳統、創新局」為目標，致力發展具備傳統歌仔戲美學又融合現代劇場語彙的精緻歌仔戲。

不論傳統歌仔戲或劇場歌仔戲，傳統戲曲最早包含有民俗祭典和社會娛樂的功能，但受到外在政治社會因素影響，以及劇種自我內在提升的需求，希望朝另一個層次發展，也就是由民間進入殿堂；但不論如何，雖然外臺的戲金並不高，但場次多，依然是團隊的主要資金。受訪者表示，傳統戲曲團隊的發展並沒有因為殿堂而扭曲或扼殺民間生態，但政府資助的確達到美學或文化目的，以及主導位階的作用。

> 就我這 30 年的觀察，並沒有因為這個補助就一定程度扭曲或扼殺了外臺的生態。⋯⋯倒是說，的確達到了某些美學或文化的目的，進入扶植案的團隊，除了可以得到公資源外（他們講的文化場），

---

11 唐美雲歌仔戲團，網址：https://zh.wikipedia.org/zh-tw/%E5%94%90%E7%BE%8E%E9%9B%B2%E6%AD%8C%E4%BB%94%E6%88%B2%E5%9C%98，檢索日期：2020/07/04。

它自己在歌仔戲內在系統的位階也就站得高。……尤其歌仔戲和布袋戲，這兩個原來就有民間市場的戲曲，公部門補助則是有主導位階的作用。（評審委員B1）

並非所有傳統戲曲的劇種都有民戲演出，如崑曲和京劇主要就以現代劇場為主；此外，皮影戲、傀儡戲等稀少劇種，可申請「文化資產保存計畫」。對此，受訪者表示，審核時會將各個面向都納入考量，但評選標準主要還是以團隊營運和演藝水平為主。

所謂的文資保存，在這專案上，還是要能跟藝術創發的部分有所扣連。至於有很多不錯的團隊具有文資身分，聚焦在保存，也另有文資局的資源挹注。（政府部門A3）

扶植團隊重視劇團營運與演藝水平等自我的提升，而文化資產它就是一個很珍貴的，可能就是面臨失傳，必須要去維護傳承的。所以政府自然有不同的文化

局處，設計不同的計畫去對他們的扶植補助。（評審委員 B6）

傳統戲曲類的獲補助總金額比例為歷年來四個類別中起伏變化最大的一類。1996 年曾出現過 12% 的低點，到 2009 年開始得到較多的關注，獲補助總金額占比約維持在 25%。受訪者認為比例變化可能是反映文化政策方向，但也有受訪者表示，傳統戲曲類的比例變化，對團隊的獲補助金額無明顯影響。

傳統戲曲的發展其實跟政策是有關係的，因為不管是國民黨還民進黨，對於傳統藝術，……一直都有計畫性地去推，比如說歌仔戲的人才培養、布袋戲的培養，就是透過很多的政策去扶植，扶植傳統藝術這一塊。（評審委員 B2）

它高、它低，我們差不多就是這樣。（演藝團隊 C8）

政府的資助，鼓勵傳統戲曲團隊朝現代劇場演

出發展，凸顯傳統戲曲團隊價值維護的角色。另外，受訪者表示傳統戲曲在技藝傳承的部分尚不普及，團隊因獲得政府經費資助，得以研發教材、建構人才培訓、教學系統和校園推廣，增強其教育推廣功能。

> 出版這些說唱藝術教材，就是我們另外做的一個方向，除了表演之外，我們很重視傳承跟教育。……我們做傳統藝術有一個就是往下傳承，還有一個就是推廣。……說唱藝術不僅是我們賴以為生的，更重要的是「文藝」的階段，要考量到我們的使命跟理想。（演藝團隊 C8）

> 會邀請掌中劇團去做節目的人還不多，主要是他們不清楚哪些地方適合掌中戲的演出，目前只要有推廣的機會，我們就會去毛遂自薦，其實市場很大，但我們還在摸索開發中。（演藝團隊 C2）

傳統戲曲團隊活躍於民間，政府對於傳統藝術領域的資源挹注不斷加碼提升，2002 年建立宜蘭「國

立傳統藝術中心」以記錄、保存、薪傳、研究與推廣為主，2016 年位於臺北芝山的臺灣戲曲中心落成開幕，推動一系列「開枝散葉計畫」、「接班人計畫」等，另外還有和文化部文化資產局合作的「國寶藝師傳習計畫」。此外，臺灣戲曲中心也增加了節目製作與策展功能，「演藝團隊年度獎助專案」的獲補助團隊常獲邀演出，或擔任節目的共同製作團隊和參與傳統藝術節的系列活動。高雄豫劇園區目前正在整修中，預計完工後，將成為南部傳統戲曲團隊排練和創作的重要基地。

> 這幾年文化部對於傳統藝術的重視，還有對於臺灣自己自有戲曲戲劇的重視，不能只看扶植團隊這一塊。這2年鄭麗君部長額外爭取了預算注入文化部所屬的國立傳統藝術中心，……大幅增加對於傳統戲曲的支持，尤其是人才培育方面，給了很多的政策工具和資源。（政府部門 A2）

現代戲劇類別

～

　　現代戲劇的發展，早期延續五四以來的話劇傳統，以劇本創作爲主導，1960 年代首次出現「小劇場運動」，隨後教育部成立「話劇欣賞委員會」，陸續於校園內辦理世界劇展和青年劇展。1970 年代末期，蘭陵劇坊從本質上逐漸改革話劇的觀念，由肢體訓練發展成無言劇、結合默劇與舞蹈、運用傀儡劇概念，開發多種劇場型態，並成爲孕育現代劇場人才的搖籃。1985 年，表演工作坊成立，實驗性的《那一夜，我們說相聲》，意外獲得觀眾熱烈迴響，也奠定國內第一個職業劇團的基礎；隨後，李國修和梁志民依循表演工作坊的運作模式，分別成立屏風表演班和果陀劇場。

　　主流劇場發展的同時，伴隨著社會開放的騷動，「第二代」新興小劇場如雨後春筍，同步發聲。一開始他們對政治議題表達強烈關心，挑戰傳統思想，1987 年解嚴之後，小劇場成了發表意見、發洩怨懟的便捷管道；當時鑑於劇場多隸屬於官方，硬體

設備與申請程序限制重重，咖啡館、河堤、海邊瞬間成了小劇場的表演舞臺。小劇場階段性的政治狂熱，隨著 1989 年立委選舉落幕而消退，一陣沉寂後，又回到美學開發的道路上；1990 年代起，劇場逐漸卸下爲社會言志的包袱，尋求前衛藝術與通俗文化的結合可能，展示更多方向。這期間，劉若瑀於 1988 年在木柵老泉山創立「優人神鼓」，從尋找東方人身體美學走向身心兼修的苦練西進，開出戶外環境劇場的另一片風景（閻鴻亞，1998：35）。

鍾明德（1998）將劇場區分爲藝術劇場和大劇場，所謂的藝術劇場是指實驗劇場或前衛劇場，以原創性作品，開啓時代之風潮爲目的；而大劇場因製作成本龐大，受限於票房追求和成本回收等考量，多著重觀衆品味的普及性；但有時候容易陷入通俗就是商業，商業就是市場，市場就是非藝術性的迷思，而忽略通俗其實就是常理和普及。劇團面對不同的觀衆族群，對於關注議題和呈現手法亦不盡相同，雖戲劇創作題材不外乎親情、倫理、愛情、生活和社會批判，但團隊的自我定位、藝術追求和市場考量都將影響創作內容和營運模式。受訪者表示，審核時是全方位考

量，對於藝術劇場和大劇場並無明顯偏好。

> 扶持團隊的類型裡面，只要是大團，基本上都非常地穩定；劇本是非常地常理化，或者說非常地通俗。但我不是說通俗不好，因為我覺得它就是一般大眾都會喜歡。可是小團的創意力相對較高，它是一種創意的來源。所以我覺得小團能不能成功，就要看它的創造力跟想像力，……大、小團還是要有個區隔。（評審委員 B2）

> 表演藝術的補助裡面，從來都沒有這個市場的思考，我們太過低估了去創造市場的這群人和團隊。……但是你不去支持他們，就沒有團隊去創造觀眾；只有更多觀眾進來劇場之後，他才有辦法再去找到自己的品味。（評審委員 B5）

> 我們要創造一個良好的生態，商業是必要的，但是商業節目即使不藝術，它也有擴充、創造市場的功能，……應該要讓

> 各種各樣的節目都出現，不必去站在一
> 個很藝術的角度評估，只有藝術的節目
> 可以被補助。（評審委員 B5）

戲劇節目從醞釀發想到演出，可能需長達 1-3 年的創作期，新製作上演後更需要反覆琢磨，才有機會成為經典之作，投入的成本是難以量計。因此，大部分劇團在申請「演藝團隊年度獎助專案」時，相較於其他類別，更傾向於申請長期計畫補助和卓越級別。實施分級制度期間，現代戲劇類分別有 4 個發展級三年期、2 個卓越級三年期和 3 個卓越級一年期的獲補助團隊；高達 5 個卓越級團隊是所有類別中最多的。

唯這幾個卓越級團隊，接續出現令人惋惜的變化：首先，表演工作坊因創辦人賴聲川於 2011 年參與《夢想家》音樂劇製作引發爭議，間接對表演工作坊的發展和活動能量造成影響。2013 年，屏風表演班創辦人李國修辭世，該團隨即宣告解散。果陀劇團則在獲得 2 年卓越級補助後，改為申請發展級，以鬆綁年度獎助專案對劇團未來規劃的限制。

曾獲選為卓越級團隊的紙風車劇團，持續保持旺

盛演出能量，並於 2013 年以「紙風車 319 鄉村兒童藝術工程」，獲選為臺灣品牌團隊。

因獲得政府經費資助，不少團隊一路擴展茁壯，如綠光劇團、臺南人劇團和阮劇團，近幾年急起直追，推出的作品叫好又叫座，參加國際藝術節也是佳評如潮。此外，前屏風表演班執行長林佳鋒新創的故事工廠（2013）、專攻華文音樂劇場的瘋戲樂工作室（2014），皆展現強盛企圖心和營運量能，為現代戲劇類指日可待的明日之星。

戲劇類團隊 29 年來共有 66 個獲補助團隊，獲補助 20 年以上的團隊有 5 個（表 4-7）。

表 4-7　現代戲劇類獲補助 20 年以上的團隊、年數和總金額

團隊名稱	年數	金額（萬元）
果陀劇場	26	6,517
金枝演社劇團	24	4,036
綠光劇團	24	7,135
臺南人劇團	23	7,142
優人神鼓[12]	21	7,540

資料來源：國藝會，表格：本研究整理。

12　優人神鼓自 2013 年起獲選為臺灣品牌團隊，其在年度獎助專案的

獲補助年數為 5 年以下的有 29 個，其中有 6 個獲補助年數 1 年的現代戲劇團隊（表 4-8）。

表 4-8　現代戲劇類獲補助 1 年的團隊和獲補助金額

團隊名稱	年數	金額（萬元）
耕莘實驗劇團	1	100
大風音樂劇場	1	120
春禾劇團	1	70
豆子劇團	1	110
柏優座（2021 新進團隊）	1	100
躍演 VM Theatre Company（2021 新進團隊）	1	100

資料來源：國藝會，表格：本研究整理。

觀察歷年現代戲劇類團隊的獲補助年數，獲得 1 年補助的比例相對較低，僅 6 團，其中今年（2021）新進的兩個團隊，皆有潛力成為獲補助超過 1 年的團隊。獲補助年數介於 2-5 年間的比例有 23 團，高達 35%，這和戲劇製作通常需較久的時程，以及戲劇類團隊傾向設定中、長期規劃有關。受訪者指出團隊規模、營運能力和年度營運總經費都是審核的參考面向，對於小團和新創團隊，通常願意給予機會並觀察

三十而立：政府資助表演藝術團隊關鍵報告

獲補助年數為 1992-2012 年，共 21 年。

其發展狀況。另外，由目前獲補助團隊名單，無法辨別團隊是否有持續提出申請，以及團隊未獲得補助的原因。坊間曾流傳，少數現代戲劇團隊因節目內容過於通俗和商業化，難以獲得評審肯定與青睞，但該說法並未得到證實。

戲如人生，觀賞戲劇的低門檻，造就了廣大的戲劇觀衆市場，使戲劇節目的演出場次和票房長紅。《兩廳院售票系統消費行爲報告》戲劇類的 Top 10 節目，有 7 個節目是由「演藝團隊年度獎助專案」的獲補助團隊所製作；中型演出的 Top 10 中，有 9 個戲劇類節目，而其中 5 個節目是獲補助團隊的作品。這些節目的製作團隊包括綠光劇團、故事工廠、果陀劇場、表演工作坊、楊景翔演劇團、阮劇團、優人神鼓、臺南人劇團，其中有多檔劇團的經典作品重製或加演，顯示觀衆對於舊作重製或作品升級版的接受度逐漸提升；亦反映出現代戲劇類團隊，在市場的受歡迎程度。《兩廳院售票系統消費行爲報告》以節目票房爲數據基礎，具規模團隊相對有較豐沛的演出能量和行銷能力，可以安排多場次的巡迴演出，提升團隊和作品之能見度，進而增加團隊品牌聲望。

> 大團當然就很明顯，就是它催票的能力
> 很強，或者說它的故事的通俗性。……從
> 票房就很容易知道。（評審委員 B2）

戲劇類團隊將經典作品重新製作或推出升級版，進一步開創更廣大的戲劇市場。經典重製，最早源於表演工作坊的《寶島一村》，不論是當初首映或重製，都有極佳票房；屏風表演班的《三人行不行》或《京戲啓示錄》，亦爲票房保證；綠光劇團《人間條件》系列，有著吳念眞光環和獨特風格，深獲好評；劇團的經典作品，重新上演依舊佳評如潮，票房長紅，進而改變了戲劇市場，讓市場越來越大。

> 因爲這樣的戲，重演都可以賣很好，改變了臺灣戲劇的市場，所以戲劇的市場會越來越大，是因爲經典的出現。（評審委員 B5）

近年來，戲劇領域開始出現一個新樣態，就是戲劇節目的製作不再專屬於戲劇團隊，坊間開始有文創公司以製作公司的模式營運，購買現成劇本、邀集演

員和團隊，從事戲劇節目的製作；如亮棠文創重新製作多部李國修的經典作品。再者，戲劇團隊也得以將劇本視爲團隊資產，進行買賣販售或融資，爲劇團開拓更多的經費收入。

> 我們有做無形資產增資的事。……拿當時手上擁有的 4 個劇本（已經演出，有票房收入層級的劇本），去做鑑價，然後正式在經濟部用 1 個劇本登記了 1,260 萬元，進到我的文創公司。這 4 個劇本，當時鑑完價是 1,890 萬元左右，就完成了這一輪的無形資產增資的動作。（演藝團隊 C3）

> 屬於創作型、屬於開發型的項目，在劇團裡面做，劇團還是一樣可以照這個方式去申請相關的年度補助或項目補助，一旦這個作品有市場性，撥到文創公司之後，文創公司再去跟文策院產出某一種商業機制的運行。（演藝團隊 C3）

多數的獲補助團隊，積極從事各類型的藝術創

作，也分別開展教育推廣和平臺型功能，辦理工作坊、戲劇學堂、策劃戲劇節，或嘗試小場館的營運等。

> 有專門到學校去演出的「小地方計畫」，……也做戲劇教育，……接著後來逐漸演變成我們在 3 月舉辦草草（藝術節）。……也做一個「劇本農場計畫」，它是一個以培養當代劇作、華文劇作為主的一個計畫，……結合我們自己的小劇場戲劇節，做一個正式的讀劇發表，讀劇發表之後的隔年，這些劇作會集結出版，……今年已經做到第七屆。這就是一個創作的資本的累積。（演藝團隊 C9）

> 花蠻大的心力在做所謂的人才的培育。就是我們自己現在有一個「阮學堂」，它是一個（戲劇）學校的概念。（演藝團隊 C9）

2008 年臺北藝穗節的創辦更為劇場注入另一股

活力。藝穗節提供藝術工作者和團隊一個茁壯、磨練
的機會，多元的節目內容，提高觀眾的接受度和包容
力，這都有助於戲劇生態的完備，也促進臺北市發展
出一個健康和良好的表演藝術市場。

> 藝穗節就是培養大家多元口味，大家去
> 就是純粹抱持探險的心態。（評審委員
> B5）

> 臺北市有一個藝穗節，它某種程度也讓
> 團隊有一個機會可以去做表演。那透過
> 演出，他們就會從小型的，然後慢慢做
> 比較完整、跟比較專業、職業，也就是
> 說所謂的劇場藝術的完備性就更高，那
> 他們就會想要組團。（評審委員 B2）

　　總體而言，戲劇類團隊自營能力佳，對政府資助
的依賴程度相對較低，接受政府資助容易發揮加乘的
外溢效應，帶動市場興盛，逐步朝向產業化邁進。現
代戲劇類團隊在營運模式、節目製作、行銷、商業獲
利、文創公司等各方面的成功經驗，是否有可能成為

其他類別團隊的借鏡？

　　「演藝團隊年度獎助專案」和「臺灣品牌團隊計畫」的獲補助團隊，無庸置疑引領著全國藝文生態環境的發展。所有團隊都盡心盡力地扮演好各種角色，發揮其多元功能。角色扮演的區隔因各藝術類別的差異相對明顯，但各類皆有不少是兼具四種功能的整合型團隊。《兩廳院售票系統消費行為報告》統計資料，獲選為四個藝術類別和中、小型演出的 Top 10 節目，有不少是由「演藝團隊年度獎助專案」或「臺灣品牌團隊計畫」的獲補助團隊所製作，其中現代戲劇類和傳統戲曲類獲補助團隊的節目占比又遠高於音樂類和舞蹈類，該現象推測與現代戲劇類的觀賞人口較多，小型戲劇節目演出場次創 7 年來最高有關；而音樂類和舞蹈類節目面對許多國外團隊，以及場館共製的節目，競爭較其他類別激烈。雖然如此，音樂類節目的票房和演出場次仍呈現明顯正成長趨勢。

> 我們當然也希望透過團隊，去栽培藝術
> 欣賞人口，拓展參與人口。……所以團隊
> 也要因應市場需求，改變節目製作的方

式。……政府資助表演團隊其實是必要
的，但是相對的，團隊也要很用功、長
進。依靠別人是短時間的，但是你自己
能夠永續，那才是永遠的。（評審委員
B3）

　　各類別獲補助年數 20 年以上的團隊或具規模的
團隊，長期接受政府資助，政府資助的比例約占各團
隊年度營運總金額的 10%～30%；對團隊營運而言，
政府資助是一股助力，團隊也不負眾望將政府的公資
源效益發揮到極致，補助資深具規模、體質健全的團
隊，是可以帶來倍數的效益，亦呼應競爭型補助計
畫的政策引領目的；而中、小型團隊的創意和活躍能
量，不時注入新視野，落實了多元多樣態的全方位藝
文發展目標。

破繭而出

　　「演藝團隊年度獎助專案」和「臺灣品牌團隊計畫」，兩個競爭型藝文獎補助計畫與我國表演藝術生態環境之發展脈絡息息相關。這兩個計畫的獲補助演藝團隊，藉由政府資助發揮藝文公共性能量，將表演藝術推廣至社會各角落，引領整體藝文生態環境發展，促進全國藝文活動欣欣向榮，更善用藝文軟實力，推展文化外交，向世界發聲。

　　前述章節中，第二章「政府與演藝團隊」由政府與演藝團隊之關係、演藝團隊之角色與功能，說明政府資助演藝團隊之正當性；第三章「藝文獎助專案」將年度獎助專案之補助機制和資源配置，依歷年來作業辦法之調整，分為創設初期、穩定發展期和茁壯蛻

變期三個時期進行疏理，並延伸探討「臺灣品牌團隊計畫」；第四章就獎助專案的獲補助團隊，對音樂、舞蹈、傳統戲曲和現代戲劇四個領域之「藝文生態環境」發展，逐一分析討論。本章節彙整前述內文歸納出：一、政府資助演藝團隊之正當性；二、補助核心目標之釐清與落實；三、年度獎助專案之資源配置；四、演藝團隊節目製作之同質性現象；五、業務執行單位之轉換；六、藝文生態環境之影響等六點研究發現；最後嘗試提出未來後續研究和藝文獎補助政策之相關建議。

回首過往

〜

一、政府資助演藝團隊之正當性

　　從歷史發展脈絡而言，早年政府設置公部門演藝團隊有其歷史目的與政策意義；隨著社會政治經濟變遷，人民對於藝文活動的需求增加，民間演藝團隊如雨後春筍般成立，政府逐漸改以「獎補助計畫」和「契約委外」為主要政策工具，以經費資助演藝團

隊，達成文化政策之目的。相對於公部門演藝團隊組織結構僵化、行政程序繁瑣及受限於相關法令規定，民間演藝團隊在行政、人事、財務和藝術創作等面向皆擁有較高彈性、自主性、獨特性和執行效率，奠基於政府資助所提供之基本保障，演藝團隊更勇於嘗試追求藝術創新。民間演藝團隊的興盛，與「演藝團隊年度獎助專案」和「臺灣品牌團隊計畫」兩個藝文獎補助計畫有著密切關係。多個獲政府資助的演藝團隊，其藝術成就和國際聲譽早已超越公部門團隊。

團隊國際聲望如雲門舞集、朱宗慶打擊樂團、當代傳奇劇場等，可提升民眾對國家的認同與聲望；明華園歌仔戲團、紙風車 368 鄉鎮市區兒童藝術工程、蒂摩爾古薪舞集藝術生活節、布拉瑞揚舞團部落巡演等，都對活絡地方經濟效益和通才藝術教育有著諸多貢獻；奇巧劇團力求「文本現代化、表演生活化、音樂多元化」，融合戲曲、戲劇和音樂等多元劇種，開創當代的胡撇仔美學。許多現代戲劇團隊，得以將舊作重製或一再升級，留下經典作品和劇本，成為具保存價值的無形文化資產。

民間演藝團隊的蓬勃和多元發展，逐一應驗

Heilbrun and Gray（2001）提出政府資助藝術活動會產生許多無形外部效益，以及文化藝術的美學價值、文化價值、社會價值和其他附加價值等。政府藉由民間演藝團隊的能量發揮柔性影響力，以文化軟實力活躍於國際藝文市場和各大國際藝術節慶，增加國家榮耀，提升國際能見度；更透過演藝團隊的教育推廣型和平臺型之功能性質，達到教育和福利服務，落實「文化公民權」、「文化平權」和「文化近用」等文化政策基本方針。綜上所述，政府資助演藝團隊有其正當性、必要性和重要性。

二、補助核心目標之釐清與落實

1992 年為扶植國內優秀演藝團隊，使之兼具本地特色與國際專業水準，均衡發展各類型的藝術，設置「國際性演藝團隊扶植計畫」；1998 年「傑出演藝團隊徵選及獎勵計畫」將計畫目標調整為檢視、改進國內演藝團隊經營體質和輔助創新作品研究發展。2001 年「演藝團隊發展扶植計畫」以協助團隊行政營運、國際化發展和永續經營為目標，讓藝術家有穩定的經費來源，潛心藝術創作和追求卓越表現。

2019 年「演藝團隊年度獎助專案」最新作業辦法，提出計畫目的：「爲使國內表演藝術得以長期發展，鼓勵團隊在穩健經營機制下，積極追求優質藝術展現」，亦首次列舉五點補助考量：（一）致力藝術創發及提升展演品質；（二）具核心製作、編創、演出人員；（三）具長期規劃與營運能量；（四）觀衆經營與培養；（五）合理編列及運用經費。強調藝術創發與展演品質、具長期規劃與營運能量爲年度獎助專案之核心目標。

「演藝團隊年度獎助專案」以同儕評鑑爲評審組成之考量，不論是評審委員、業務執行單位和演藝團隊，都清楚演藝團隊之藝術創發與展演品質爲年度獎助專案的首要補助考量。但因 2001 年「演藝團隊發展扶植計畫」曾以協助團隊行政營運爲目標，加上近年部分獲補助團隊的藝術創作量能逐漸降低，轉向教育推廣，以承接教育推廣演出提高展演數量；或爲了生計，承攬過多商業演出；再者，少數獲補助團隊的藝術表現品質每況愈下，依舊獲選爲補助團隊，以及年度獎助專案對行政評鑑的嚴謹要求等；或許演藝團隊未注意到年度獎助專案目標之更動，或許其他

原因，造成外界對年度獎助專案的補助核心目標產生困惑。到底年度獎助專案是著重於藝術品質？展演數量？團隊的多功能性質？或是優異的行政表現？

對於前述種種疑慮，在此引用受訪者（評審委員B1）的說法：「表演藝術就是明星產業，永遠沒有辦法靠著行政而永續發展。要『藝術為主，行政為輔。』」筆者建議業務執行單位應適時重申「為使國內表演藝術得以長期發展，鼓勵團隊在穩健經營機制下，積極追求優質藝術展現」之計畫目的，予以釐清並落實執行，使「演藝團隊年度獎助專案」的核心目標能夠更為明確、具體地傳達給相關利害關係人。

三、年度獎助專案之資源配置

「演藝團隊年度獎助專案」執行29年來，作業辦法、經費配置、審核和評鑑機制，每隔幾年就會調整修正；2001年首度改為公開徵選和2009年實施分級獎助機制，為制度面的兩次重大變革，獎補助機制和作業辦法調整，對資源配置並無造成太多直接影響；換言之，各類別的獲補助團隊數目和個別團隊的獲補助金額，並沒有因為獎補助機制和作業辦法調整

而出現大幅變化。反而是 2009 年因為金融海嘯，當時的文建會主委積極爭取更多經費加碼給團隊，當團隊擁有較充裕的資金，就可進一步開拓出多元的發展方向與功能。2013 年前文化部長龍應台女士，為挹注更多資源給演藝團隊，額外爭取經費，設置「臺灣品牌團隊計畫」，讓「演藝團隊年度獎助專案」的卓越級團隊有晉升管道，同時也讓年度獎助專案有更充沛經費資助新創的中、小型團隊。本研究發現，補助經費的加碼，如 2009 年補助總經費提高，或 2013 年增設「臺灣品牌團隊計畫」，對年度獎助專案獲補助團隊所產生的影響，遠高於歷年來藝文獎補助機制的異動。

據資料顯示，部分具規模的演藝團隊，政府的經費資助約占團隊年度營運總經費的 10～30%，與年度獎助專案規定最高補助額度不逾三分之一的原則相符，說明團隊具自營能力、財務自籌能力和健全體質；深入言之，該類型團隊的治理結構、財務活動和籌款能力具有相當程度的完備性。但部分規模較為精簡的獲補助團隊，政府資助經費占比高達團隊年度營運總經費六成以上，出現類似情況的團隊，應全盤檢

視團隊自營能力和營運體質，設法提升財務自籌能力、團隊競爭力和營運能量，希冀逐年降低政府資助比例，避免演藝團隊對政府資源產生過度依賴的現象。

關於四個藝術類別的資源配置，本研究發現各類別演藝團隊的營運模式、財務結構和成本等皆有著極大差距，各類別中只要有一個團隊異動，就可能出現少則 100 萬元，多則好幾百萬元的經費變化，四個藝術類別的獲補助經費配置，呈現高度連動關係。但若改以四個類別，各自匡列一筆固定補助經費，或一味尋求四個類別的齊頭式平等，採取雨露均霑的補助方式，將無法適性反映各類別團隊的差別需求，此非權宜之策，也絕非長久之計。

四、演藝團隊節目製作之同質性現象

「演藝團隊年度獎助專案」與教育部「教學卓越計畫」同為競爭型補助計畫。前述章節曾提及部分研究指出，若大學獲得教卓計畫的經費資助，代表的是一種肯定及大學聲望與評價的提升，伴隨而來的良性循環效應不容忽視。然而，大學為爭取計畫型補助案資源，容易將指標設定為易達成的表面效果，衝擊學

術研究內容和學校辦學特色，呈現同質性發展現象。綜觀演藝團隊若獲選為年度獎助專案之政府資助團隊，將一併獲得「Taiwan Top 演藝團隊」品牌認證，這將有助於提升團隊知名度，帶動票房收入和增進企業合作意願，形成正向循環效應，此與教卓計畫研究結論相吻合。

唯演藝團隊甚少為了獲得「演藝團隊年度獎助專案」或「臺灣品牌團隊計畫」的經費資助，揣測評審偏好忽略藝術本質和團隊理念。演藝團隊的節目製作類型，或多或少受到外在環境因素影響；舉例來說，近幾年音樂劇的蓬勃發展、跨域展演的盛行、科技藝術的應用、沉浸式體驗的風靡，以及對於本土素材與在地文化的重視等，都可將其視為對政府文化政策和整體藝文生態環境發展之回應。儘管節目製作類型相似，但各演藝團隊對於創作題材和呈現手法，並未隨著藝文獎補助機制或評審偏好而出現過多改變，依舊保有鮮明風格和特色；藝術創作最終還是回歸藝術家的理念表達，而非拘泥於外在形式的體現。演藝團隊在資源分配與重分配的過程中，將持續以維護藝術創新與作品獨特性為其核心價值與營運理念；資源提供

者和資源接收者雙方，都將透過不斷修正，尋找雙贏與高效益的合作模式。

五、業務執行單位之轉換

2018 年「演藝團隊年度獎助專案」的業務執行單位，從文化部移轉至國藝會，國藝會為政府捐助之財團法人，獨立於政府之外的藝文中介組織，組織特質為專業、去政治化、效率高、低行政機關制度束縛。國藝會長期從事藝文獎補助，對補助機制和作業流程有著高度專業，秉持公平、公正、公開和透明之原則，建立形式程序正義和公信力；與演藝團隊互動良好，熟悉藝文生態環境發展。國藝會和其主管機關文化部保有「臂距之遙」，由藝文中介組織執行藝文獎補助計畫，更能襯托其超然性。唯目前「演藝團隊年度獎助專案」的經費，是由文化部逐年編列預算捐贈之，未來國藝會在確保每年經費來源的穩定性後，將能更專注發揮藝文中介組織的專業治理角色。

早年因為藝文獎補助資訊未透明公開，藝術行政專業尚未建立，部分演藝團隊對補助機制運作的不瞭解和對藝術行政作業的生疏，影響其申請意願；近年

在國藝會的努力下，情況正逐漸改善中。國藝會除提供演藝團隊專業協助，亦自我定位為評審委員和演藝團隊的溝通橋樑與陪伴角色，開設系列相關課程，供演藝團隊行政人員進修和自我提升。此外，國藝會由使用者立場和節省行政成本角度出發，將年度獎助專案之申請、簽約、期中報告、演出評鑑、營運觀察到結案，發展出完整線上作業機制，提供申請團隊、評審委員和業務單位使用之便利性，更進一步蒐集團隊營運數據加以統計分析，轉化為未來獎補助機制調整的重要參考資訊。整體而言，國藝會成為「演藝團隊年度獎助專案」的執行單位，普遍獲得各界肯認。

六、藝文生態環境之影響

演藝團隊擁有開拓與創新、改革與倡導、價值維護，以及服務提供等四種角色，以及藝術創作型、教育推廣型、平臺型和國際型等四種功能；僅全國登記立案演藝團隊的 1%，有機會獲選為「演藝團隊年度獎助專案」和「臺灣品牌團隊計畫」兩個中央政府層級藝文獎補助計畫的補助團隊，獲選團隊皆為各領域之翹楚。29 年來共有 236 個演藝團隊受惠於年度獎

助專案的政府資助，獲補助總金額為 36 億 6,708 萬元，「演藝團隊年度獎助專案」和「臺灣品牌團隊計畫」的獲補助團隊對藝文生態環境發展有著深遠影響。前述章節，由年度獎助專案的獲補助名單和《兩廳院售票系統消費行為報告》，依序瞭解音樂、舞蹈、傳統戲曲和現代戲劇四個類別獲補助團隊與表演藝術市場消費行為和藝文生態發展之關聯。

本研究發現，現代戲劇類和傳統戲曲類團隊在藝術創發、展演品質、長期規劃與營運能量等面向表現傑出：不論團隊規模和演出製作的大小，在節目製作數量、品質、票房和市場反映等各方面皆有較為優異的成果。獲選為《兩廳院售票系統消費行為報告》現代戲劇類、傳統戲曲類和中、小型演出的 Top 10 節目，由「演藝團隊年度獎助專案」和「臺灣品牌團隊計畫」的獲補助團隊所製作的節目，占比高達七成。換言之，藝文獎助專案的獲補助團隊，因獲得政府資助創造出優質節目，支持全國各場館的藝文表演活動和各地各樣的藝術節慶。

此外，不少獲補助團隊亦投身藝術教育推廣，如推動青少年劇場、少年練功坊，或參與國立傳統藝術

中心的「開枝散葉計畫」、「接班人計畫」，致力於傳統技藝傳承，試圖對藝術教育和藝文生態環境發展發揮更大、更長遠的影響力。難能可貴的是現代戲劇類和傳統戲曲類別中，各有不少團隊財務狀況良好，募款、籌款能力佳，政府的資助經費約占團隊年度營運總經費的 10%～25%，這十分值得其他領域借鑑。

音樂類和舞蹈類團隊所製作的節目，因面對許多國外團隊以及場館共製節目，競爭較為激烈，僅具規模的資深團隊，如財團法人擊樂文教基金會和財團法人雲門文化藝術基金會的節目表現較為亮眼，獲選為《兩廳院售票系統消費行為報告》音樂類和舞蹈類的 Top 10 節目。儘管如此，音樂類節目的票房和演出場次是呈現明顯正成長趨勢。此外，不少音樂類與舞蹈類團隊，將其藝術創造和表現力轉化為教學系統，於各地開辦才藝教室，或至偏鄉、部落舉辦工作坊，讓藝術教育向下扎根；創設青少年團隊、搭建藝術交流平臺，提供年輕藝術家一個展演交流的園地。

彙整以上論述，政府資助演藝團隊有其正當性、必要性和重要性；再則，2018 年業務單位的轉換，對年度獎助專案的獲補助團隊和獲補助名單並無

太大影響，反倒是 2009 年分級獎助機制和 2013 年設置「臺灣品牌團隊計畫」，政府增加對演藝團隊的資源挹注，讓團隊有實質深刻感受。透過獲補助團隊名單和獲補助經費的消長，可窺見近 30 年來，藝文生態環境的發展脈絡和樣貌，大型資深團隊發揮火車頭效應，引領藝文產業發展；大部分演藝團隊運用其開拓與創新、改革與倡導、價值維護，以及服務提供等四種角色，和藝術創作型、教育推廣型、平臺型和國際型等四種功能，展現其對藝文生態環境的影響力。

展望未來

一、未來研究建議

　　「演藝團隊年度獎助專案」為目前歷史最為悠久的藝文獎補助計畫，連續施行 29 年，其豐碩成果有著難以被取代之處。本研究以政府公告之獲補助結果進行分析，輔以深度訪談增加對「演藝團隊年度獎助計畫」的瞭解，著重於政府與演藝團隊之關係、年度

獎助專案之沿革與資源配置,以及藝文獎助專案對藝文生態發展影響之探討。由於歷年獲補助演藝團隊的營運計畫和財務報表等相關資訊取得不易,造成部分研究限制。建議未來政府相關機構,可針對歷年來獲得政府資助的 236 個演藝團隊之營運、財務、體質和角色功能等面向全盤檢視,以更多資訊,佐證政府資助演藝團隊之正當性與必要性;以及更全面性評析藝文獎補助計畫獲補助團隊對藝文生態環境發展的影響。

另外,在前述章節中提及,早期政府與演藝團隊的關係相對單純,設置公部門團隊是為了執行政府文化政策;民間演藝團隊的創設,被賦予提供節目和觀眾開發的責任;藝文場館的角色,多以場地租借功能為主。如今,藝文場館之角色功能逐漸轉變為政府和演藝團隊的協力夥伴,不論是單一場館的角色功能或現有場館間的聯盟發展策略,都將牽動政府與演藝團隊的關係。政府、演藝團隊和藝文場館,三者間未來的互動合作,中央與地方的府際關係,或地方政府間的策略聯盟,都是未來研究可關注的議題。

再者,目前藝文獎補助計畫的相關研究,較少

從社會政治經濟發展的視角切入，以贊成政府資助演藝團隊為前提，呼籲政府挹注更多經費資源時，是否曾先行評估過國內表演藝術市場的現況？到底是供不應求，還是供過於求？關於表演藝術市場的供需，歐美已累積不少文化經濟學的相關文獻，但目前針對國內表演藝術市場的相關研究似乎不多。其次，隨著人口結構的轉變，我們是否還需要持續資助以藝術創作功能為主的演藝團隊？或者應鼓勵團隊朝藝術教育等其他功能發展？或是透過專業訓練，開發藝術共融計畫，引進藝術治療師培訓與證照，提供藝術家和演藝團隊更多發展的可能性。相關議題，將有待更多領域專業人士的投入與研究。

二、政策建議

「演藝團隊年度獎助專案」於 2018 年改由國藝會執行，落實藝文中介組織之臂距原則，提升其公平性、公正性、公開性和透明性。國藝會是 1996 年依《文化藝術獎助條例》第十九條所設置，輔導辦理文化藝術活動，贊助各項藝文事業。2021 年 5 月文化部公布《文化藝術獎助及促進條例》，其中第三十二

條：「政府得將本條例所定之獎勵或補助，委託文化藝術領域中適當之法人、機構或團體辦理。」由此推測，未來可能會有更多的藝文獎補助計畫是由不同的藝文組織執行辦理。如本研究所探討，藝文獎補助機制是一套十分複雜的機制，除了制度面需有層層考量，藝術層面的審評更是艱鉅困難。

國藝會 25 年來逐步建立其辦理藝文獎補助業務之專業度和公信力，一套形式正義的公平機制和運作方式，相繼成為縣市文化局（處）或民間藝文獎補助計畫的藍本。若未來藝文獎補助計畫可交由適當之法人、機構或團體辦理，建議依照各藝文中介組織的業務專長，設置不同的藝文獎補助計畫，借重藝文中介組織之專業和特色，辦理與其業務相關之藝文獎補助計畫，尊重各藝術類別之獨特性。例如電影及影視文化相關的補助計畫，交由國家電影及影視文化中心專責辦理執行；文化內容產業相關計畫就由文化內容策進院專責辦理執行。

政府資助演藝團隊的藝文獎補助計畫，在中央政府層級的執行單位，以文化部藝術發展司和國藝會為主。仔細比對藝發司「表演藝術類計畫補助」、「文

化團體及個人參與多面向拓展文化交流」、「扶植青年藝術發展計畫」、「補助國內表演藝術經典作品赴大陸巡演」、國藝會「常態補助」、「國際交流」和「演藝團隊年度獎助專案」等多項藝文獎補助計畫的獲補助名單，發現許多演藝團隊重複出現於獲補助名單中。當初為避免資源重疊或過度集中於部分團隊，國藝會在「演藝團隊年度獎助專案」作業辦法中制定相關法規，予以規範，但法條是固定的，申請團隊是靈活的，還是難以避免演藝團隊重複申請、重複獲補的現象。

筆者建議，由文化部相關單位設置研發小組，審慎盤點全年度所有相關單位的藝文獎補助計畫項目和數量，加總各項藝文獎補助經費，逐一討論計畫的相似度和重疊性；統計 2012 年文化部成立以來，所有藝文獎補助計畫之補助結果，以及演藝團隊申請情況，進一步整合相關資源，重新擬定藝文獎補助相關政策。新計畫，以不影響演藝團隊原有權益、簡化行政作業流程、節省各方行政成本為優先考量；就如同國藝會在 2019 年將「演藝團隊年度獎助專案」的營運計畫和年度計畫結合的概念。

整合藝文獎補助計畫，一來可節省各方人力和行政成本，二來團隊可由單一計畫案，獲得較高額和長期的經費資助，藉此提高團隊長期規劃和永續營運的動力。第三，整合資源是否會出現「所有雞蛋都在同一個籃子」的風險？據觀察機率不高，因為目前中央層級的藝文獎補助計畫，僅「演藝團隊年度獎助專案」和「臺灣品牌團隊計畫」的獲補助團隊，有高於100萬元以上的補助金額，其他藝文獎補助計畫的補助金額從3～5萬到70～80萬不等，有著很大的彈性空間。整合藝文獎補助計畫可避免疊床架屋，以精簡人事、節省行政成本和專業分工，將有限資源發揮最大效益。

表演藝術的發展趨勢正朝向結合各藝術領域（音樂、舞蹈、傳統戲曲、現代戲劇和科技藝術）的跨域創作；現在多數藝文獎補助計畫對於四個藝術類別的分法，恐會面臨跨域作品難以分類的挑戰，近年新興的聲音藝術和科技藝術，也難以適用於現行之類別。藝術類別的分類將來要如何重新規劃，將會是一大難題。假如取消依照藝術類別的區分，更是萬萬不可，如前面章節所述，各藝術類別演藝團隊之營運模式、

創作方式、財務結構皆有相當大的差異，假如不加以分類，未來要如何把資源有效分配，將會陷入無解的深淵。筆者建議，維持現行的音樂、舞蹈、傳統戲曲和現代戲劇四個類別，若團隊的演出製作有跨域結合，可依其內容規劃，在審核時予以斟酌加分。

演藝團隊的功能是另一個討論面向：「演藝團隊年度獎助專案」的初衷是提供穩定經費，讓團隊專注於創作，提高藝術創發及展演品質，但有越來越多的團隊試圖顧及藝術創作型、教育推廣型、平臺型和國際型四種功能，在缺乏足夠經費和人力資源的情境下，想要面面俱到，最後就是出現差強人意或不甚滿意的成果。另外，部分團隊因為藝術創作能量減低，改以教育推廣或平臺功能為主要營運方向，然而，演藝團隊的藝術創作產能和展演品質逐漸降低，明顯與年度獎助專案以致力於藝術創發與提升展演品質的核心目標有落差，評審委員或業務執行單位可提供相關諮詢，協助團隊恢復其創作能量，或轉型發展的可能性。

筆者建議業務單位邀請藝文獎補助計畫評委和專家學者，與業務單位代表共同籌組專案小組，針對年

度獎助專案中獲補助年數超過 15 年的演藝團隊，進行團隊藝術品質、創作能量、財務結構、籌款能力、行政營運能力、核心藝術家、具有魄力的領導者和團隊中程發展計畫等面向全面檢視評估；同時安排專案小組與演藝團隊經營者或擁有決策權的代表人，以團隊歷年表現爲參考，深入討論團隊營運現況、願景和永續經營等相關議題。透過逐步仔細審視，釐清演藝團隊持續接受政府資助的正當性和合理性，將補助資源挹注給有意願持續發展、有未來性和中長期願景規劃的演藝團隊。

辦理藝文獎補助計畫的業務單位，每年經由繁瑣審核程序篩選出近百個「Taiwan Top 演藝團隊」，建議由業務單位開創一個「Taiwan Top 演藝團隊」服務平臺，設置教育推廣、整合行銷和資源共享三個小組。教育推廣小組負責協助藝術教育推廣，爲有意願辦理藝術教育推廣的組織與「Taiwan Top 演藝團隊」，搭建交流、媒合平臺。此外，文化部與教育部爲促進文化藝術與教育資源的整合，增加學生接觸及體驗藝文內涵的機會，於 2018 年起開始共同推行「文化體驗教育計畫」，將文化體驗教育帶入各級學

校、引進偏鄉；因此，年度獎助專案服務平臺的教育推廣小組，可與藝術師資培訓單位合作辦理相關師培課程，鼓勵有志從事藝術教育推廣的「Taiwan Top演藝團隊」接受培訓，由具教育專業背景的教師，協助藝術工作者，將表演藝術展演內容轉化為藝術教育教學，開發創意課程，搭建表演藝術和藝術教育的橋樑。

整合行銷小組的部分，目前透過國藝會「Taiwan Top 演藝團隊」網站，可連結到獲補助團隊的官方網站，但現階段民眾對「Taiwan Top 演藝團隊」品牌認識不深，建議整合行銷小組，針對「Taiwan Top演藝團隊」製作專題深度報導，並與傳統媒體或影音串流平臺合作放映。再者，亦可將「Taiwan Top 演藝團隊」專題深度報導之精彩片段剪輯為廣告短片，透過密集播放增加演藝團隊露出，提高民眾對「Taiwan Top 演藝團隊」品牌認識，打響品牌聲望，優化品牌形象。觀賞專題深度報導或廣告短片的民眾，可能不會在短期內立即成為藝文愛好者或藝文消費者，但就此埋下藝文種子，將來總有發芽的機會。

共享（sharing）是指將有形與無形的資源或空

間得以共享並充分利用，如前述章節提到舞蹈團隊將其排練場地的空檔時段，提供給其他演藝團隊使用，或是演藝團隊將其豐富的營運和行政經驗，分享給外島演藝團隊或協助新創演藝團隊建立行政作業系統等，都是演藝團隊資源共享的範例。然而，於服務平臺中設置資源共享小組的主要目的，是希望業務單位以其身為中央政府層級藝文中介組織之便利，可以更主動積極地將「Taiwan Top 演藝團隊」引薦給其他政府部門，如外交部、教育部和文化部等部會的駐外機構，讓「Taiwan Top 演藝團隊」有更多機會參與駐外機構舉辦的節慶活動；或與駐外機構如紐約臺北文化中心、駐法國臺灣文化中心、日本臺灣文化中心等，共同舉辦「臺灣文化藝術季」，策劃「Taiwan Top 演藝團隊」聯展，並提供演藝團隊與當地藝術家交流共製的機會。藉由中央政府層級的跨部會合作，增進「Taiwan Top 演藝團隊」國際能見度，營建國家文化品牌形象，宣揚我國文化軟實力，強化文化外交國際網絡。

子曰：「吾十有五，而志於學，三十而立，四十而不惑，五十而知天命，六十而耳順，七十而隨心所

欲，不逾矩。」「演藝團隊年度獎助專案」即將邁入第三十年，歷年獲補助的演藝團隊，有哪些演藝團隊具備明確目標與願景，並能獨立自主營運，達到三十而立？因演藝團隊營運難以避免的「成本病現象」，筆者認同政府資助演藝團隊之正當性，贊成政府資助表演藝術之必要性和重要性，但資源配置宜審慎思慮；政府與演藝團隊之關係需因應時代潮流調整變化。政府藝文獎補助相關政策，民間演藝團隊和藝文中介組織的多方協力合作，皆為影響藝文生態環境發展的關鍵要素。再則，藝術教育體驗與扎根、表演藝術市場開拓、藝文生態環境健全、藝文產業發展等面向，亦需全方位考量和同步推展。政府相關部會未來如何制定合宜之文化政策，有賴各界集思廣益，以期達到厚植文化軟實力和發揮文化影響力之終極目標。

參考文獻

一、中文部分

于國華，2006，〈「藝企合作」需要培養更多觸媒人才〉，民生報，11/08，A9 版。

于國華、吳靜吉、樊學良，2012，〈文化創意產業的教育創新〉，《教育資料與研究》，105：1-38。

王俐容，2005，〈文化政策中的經濟論述：從菁英文化到文化經濟〉，《文化研究》，1：169-195。

王俐容，2016，〈國藝會組織定位論述：二十年的回顧與展望〉，「國藝會 20 週年回顧與前瞻論壇」論文，國藝會。

平珩，1988，〈臺灣的舞蹈發展史〉，《藝林探索—環境篇》，臺北：文建會。

何康國，2000，《我國表演藝術團體—組織定位與經營策略》，臺北：小雅音樂有限公司。

何定照、李晏如，2012，〈優人別停……朱宗慶：文建會不能單純補助〉，聯合報，05/10，A12 版。

吳曉菁、林文郎，2001，〈我國文化藝術補助政策現況及改善途徑之探討〉，《國立臺灣體育學院學報》，9：309-325。

吳思鋒，2016，〈審查的政治—談文化部「臺灣品牌團隊計畫」〉，聯合報，12/06，網址：https://opinion.udn.com/opinion/story/10351/2151658。

呂弘輝，2018，〈2017 表演藝術政策及預算探討〉，《2017 表演藝術年鑑》，國家表演藝術中心，頁 152-173。

呂弘輝，2019，〈2018 表演藝術政策及預算探討〉，《2018 表演藝術年鑑》，國家表演藝術中心，頁 155-184。

李顯峰，2004，《計畫型補助款制度及執行成效之研究》，研考會。

李天申，2014，〈省思「一臂之距」—論我國準政府組織的治理與課責〉，《思與言》，52（4）：161-201。

周美惠，2008，〈獎助分級長期且穩定〉，聯合報，05/27，A12 版。

林谷芳，2000，《國際／傑出演藝團隊扶植計畫執行成果研究案》，文建會。

林潔盈譯，2004，《如何開發藝術市場》，臺北：五觀藝術。譯自 Elizabeth Hill, C. O'Sullivan and T. O'Sullivan. *Creative Arts Marketing.* London: Taylor and Francis Group, 2003.

林于竝譯，2017，《藝術立國論》，臺北：書林出版有限公司。譯自 Oriza Hirata. *Arts as the Basis of a Nation.* Tokyo: Shueisha Publishing Company, 2002.

林采韻，2017，〈回首點滴藝術與社會鴻溝仍在〉，《PAR 表演藝術雜誌》，297：142-145。

林詠能，2019，《文化統計》，財團法人臺灣經濟研究院，
　　文化部委託。

表演藝術評論臺，2018，〈講座紀錄：演藝對扶植計畫26
　　年回顧初步觀察（上）〉，網址：https://pareviews.
　　ncafroc.org.tw/?p=31305，檢索日期：2020/03/25。

姚名鴻，2012，〈我國一般性與計畫型補助款分配之政治經
　　濟分析〉，《臺灣民主季刊》，9（4）：191-225。

范麗雪，2012，〈檢視競爭性經費對大學發展的影響〉，
　　《教育理論與實踐學刊》，26：103-123。

孫煒，2012，〈民主治理中準政府組織的公共性與課責性：
　　對於我國政府捐助之財團法人轉型的啟示〉，《人文與
　　社會科學集刊》，24（4）：497-528。

孫煒，2019，〈政府資助地方族群型非營利組織之影響—
　　以客家社團的多個案研究〉，《臺灣民主季刊》，16
　　（3）：113-54。

郭書瑄、嚴玲娟譯，2008，《藝術・文化經濟學》，臺北：
　　典藏藝術家庭。譯自 James Heilbrun and C. Gray. *The
　　Economics of Arts and Culture.* Cambridge: Cambridge
　　University Press. 2001.

陳其南，1998，〈藝文補助的政策設計〉，聯合報，11/17，
　　14版。

陳海雄，2005，〈中央計畫型補助制度執行力之探討〉，
　　《研考雙月刊》，29（2）：61-72。

陳玲玉，2011，〈我國政府藝文補助政策評估〉，《弘光學
　　報》，63：81-96。

陳思瑜，2013，〈龍應台：臺灣品牌團隊經費使用，文化部
　　不設限〉，欣傳媒，01/25，網址：https://news.xinme-

dia.com/news_article.aspx?newsid=227416&type=0,檢索日期：2020/04/10。

陳盈宏，2014，〈競爭性經費分配機制之探討—以獎勵大學教學卓越計畫為例〉，《學校行政雙月刊》，93：170-184。

張潤書，1998，《行政學》，臺北：三民書局。

張維倫譯，2003，《文化經濟學》，臺北：典藏藝術家庭。譯自 David Throsby. *Economics and Culture*. Cambridge: Cambridge University Press. 2000.

張元祥，2012，〈當扶植典範凋零〉，聯合報，05/11，A27版。

國藝會，2019，《81-108 歷年扶植經費一覽表》，國藝會內部資料。

國家表演藝術中心，2020，《2013-2019 兩廳院售票系統消費行為報告》，網址：http://wfs.npac-ntch.org/file/ntch/pdf/Wa5qitH2T3q/2013~2019，檢索日期：2020/06/25。

彭錦鵬，2008，〈行政法人與政署之制度選擇〉，《考銓季刊》，53：21-36。

黃俊銘，2020，〈古典音樂在臺灣的秀異與危機：重拾包容、參與及社會動員〉，《獨立評論》，06/05，網址：https://opinion.cw.com.tw/blog/profile/504/article/9457，檢索日期：2020/06/25。

溫慧玟，2007，《表演藝術產業調查研究》，臺北：文建會。

溫慧玟、于國華，2009，《藝文團體經營體質研究案—以臺灣表演藝術團體為面向分析》，國藝會。

葉怡芬，2017，〈高等教育經費補助政策與績效分析：以臺灣公立大學與頂尖大學為例〉，《教育科學研究期

刊》，62（4）：53-88。

蔡宜真、林秀玲譯，2011，《當藝術遇上經濟—個案分析與文化政策》，臺北：典藏藝術家庭。譯自 Bruno Frey. *Arts & Economics: Analysis & Culture Policy*. Heidelberg: Springer-Verlag. 2000.

鄭惠文，2012，《政府捐助財團法人財務課責之研究》，臺北：國立臺北大學公共行政暨政策學系博士論文。

劉新圓，2006，〈藝文補助，透明機制防操弄〉，聯合報，01/21，A15 版。

劉宜君、朱鎮明、王俐容，2009，《我國文化藝術補助政策與執行評估》，研考會。

劉宜君、朱鎮明、王俐容，2011，〈文化藝術補助政策之執行評估—政策德菲法之應用〉，《中國行政評論》，18（2）：57-90。

劉俊裕，2018，《再東方化：文化政策與文化治理的東亞取徑》，臺北：巨流圖書公司。

劉維公，2010，〈非營利組織與文化藝術〉，《非營利部門：組織與運作（第二版）》，臺北：巨流圖書公司。

劉玉珠，2010，《政府補助團體與私人之規範面研究》，臺北：國立臺灣大學政治學研究所碩士論文。

閻鴻亞，1998，〈臺灣現代劇場的來龍去脈〉，《藝林探索—環境篇》，臺北：文建會。

聯合晚報社論，2012，〈給藝文團體好一點的創作環境〉，聯合晚報，05/01，A2 版。

謝瑩潔，2001，《我國補助制度之檢討—以組織、運作及財源籌措為討論》，臺北：國立臺灣大學政治學研究所碩士論文。

鍾明德，1998，〈演出者＋觀眾＋評論者的良性循環〉，
《藝林探索─環境篇》，臺北：文建會。

羅清俊，2001，《臺灣分配政治》，臺北：前衛出版社。

羅清俊，2015，《公共政策：現象觀察與實務操作》，新北：
揚智文化。

二、西文部分

Banfield, E. 1984. *The Democratic Muse*. pp. 187-192.

Baumol, W. & W. Bowen, 1968. *Performing Arts -The Economic Dilemma: A Study of Problems Common to Theather, Opera, Music and Dance*. Boston: The MIT Press.

Hagg, E. 1979. "Should the Government Subsidize the Arts?" *Policy Review*. 10: 63-74.

Heilbrun, J. & C. Gray. 2001. *The Economics of Arts and Culture*. Cambridge: Cambridge University Press.

Peacock, A. 1994. "The Design and Operation of Public Funding of the Arts: An Economist's View." *Cultural Economics and Cultural Policies*. Netherlands: Springer Netherlands.

Pick, J. 1988. *The Arts in a State: A Study of Government Arts Policies from Ancient Greece to the Present*. London: Bristol Classical Press.

Throsby, D. 2000. *Economics and Culture*. Cambridge: Cambridge University Press.

國家圖書館出版品預行編目資料

三十而立：政府資助表演藝術團隊關
鍵報告／鄭佳姍著. -- 初版. -- 臺
北市：五南圖書出版股份有限公司，
2022.03
　面；　公分.
ISBN 978-626-317-486-3（平裝）

1.文化政策　2.文化行政　3.表演藝術
團體　4.文集

541.2907　　　　　　　110021428

4Y1C

三十而立：
政府資助表演藝術團隊關鍵報告

作　　者 — 鄭佳姍

責任編輯 — 唐　筠

文字校對 — 許馨尹、葉瓊瑄

封面設計 — 姚孝慈

發 行 人 — 楊榮川

總 經 理 — 楊士清

總 編 輯 — 楊秀麗

副總編輯 — 張毓芬

出 版 者 — 五南圖書出版股份有限公司

地　　址：106台北市大安區和平東路二段339號4樓

電　　話：(02)2705-5066　　傳　真：(02)2706-610

網　　址：https://www.wunan.com.tw

電子郵件：wunan@wunan.com.tw

劃撥帳號：01068953

戶　　名：五南圖書出版股份有限公司

法律顧問　林勝安律師事務所　林勝安律師

出版日期　2022年3月初版一刷

定　　價　新臺幣360元